ROUTE

66

ILLINOIS

MISSOURI

MA

——— = historischer Verlauf
ROUTE 66
· · · · · = Interstate Highway

© 1992 by Michael Freienstein
Konzeption & Realisation:
Verlag Michael Freienstein, Geldern
Alle Rechte vorbehalten.
Mitarbeit:
Claudia Krappen
Fotos:
Michael Freienstein
Drucktechnische Koordination:
Hoch & Partner, Mönchengladbach
Litho:
Repro In, Laser Scan GmbH Mönchengladbach
Druck:
Druckhaus B. Kühlen KG, Mönchengladbach
Printed in Germany

ISBN 3-929401-00-2

978 392 940 1004

Die Deutsche Bibliothek – CIP-Einheitsaufnahme

Freienstein, Michael :
Route 66 : die legendäre Strasse Amerikas / Michael
Freienstein. [Mitarb.: Claudia Krappen]. – Geldern :
Freienstein, 1992
ISBN 3-929401-00-2
NE: HST

Alle Angaben in diesem Buch erfolgten nach bestem Gewissen.
Gewähr für die Richtigkeit kann jedoch nicht übernommen werden.

Titelfoto:
Cadillac Ranch, Amarillo, Texas

INHALT

„Für all die Reisenden,
denen eine Reise noch
mehr bedeutet als
von einem Punkt zum
anderen zu gelangen."

ROUTE 66

Die legendäre Straße Amerikas

Michael Freienstein

On the Road
„Route 66" war immer schon etwas mehr als nur eine Straße. Hier spiegelten sich Lebensgefühl, Zeitgeist und Befinden der Nation.

Der Michigan See liegt ruhig da. Die Morgensonne kommt allmählich durch die Wolken. Noch ist es kühl. Der Lärm der erwachenden Millionenstadt Chicago dringt zu dieser Zeit kaum bis an das Wasser. Ich stehe da und rauche eine Zigarette. Ab und zu ein kleiner Schluck Kaffee aus dem Pappbecher, während ich auf das scheinbar endlose Wasser schaue. Endlosigkeit und Weite haben mich immer schon fasziniert. Ich liebe das Gefühl, ein Ende nur vermuten zu können. Hier in der großen

Stadt scheint alles erdrückend. Riesige, graue Häuser und kleine Straßenschluchten, in denen das Sonnenlicht selbst am Tage kaum bis zur Erde dringt. Doch ich habe einen Wagen, ein paar Wochen Zeit und einen Plan.

Während ich langsam in Richtung Michigan Avenue gehe, faßt meine Hand in die Hosentasche und holt zwei abgegriffene, bronzefarbene Schlüssel heraus. Sie gehören zu einem alten Chevy Station Wagen, einem silbernen, benzinfressenden Monstrum aus den siebziger Jahren,

das ich mir vor einigen Tagen gekauft habe. Nun steht der Wagen Ecke Jackson Drive auf der Michigan Avenue, und genau dort beginnt mein Plan. Die alte „Route 66" hat hier, nur ein paar Blocks vom Michigan See entfernt, ihren Anfang.

„Route 66", das war für mich schon immer ein magischer Name. Wie oft lagen die „Rolling Stones" mit dem alten Song von Bobby Troup auf dem Plattenteller. Die Verse kommen automatisch.

Chicago, Illinois
An der Kreuzung Michigan Avenue/Jackson Drive ist der Ausgangspunkt der
„Route 66". Heute stehen hier gewaltige Hochhäuser.

IF YOU EVER . . . PLAN TO MOTOR WEST

TRAVEL MY WAY, TAKE THE HIGHWAY THAT'S THE BEST

GET YOUR KICKS ON ROUTE 66

IT WINDS FROM CHICAGO TO L. A.

MORE THAN 2000 MILES ALL THE WAY

GET YOUR KICKS ON ROUTE 66

NOW YOU GO THROUGH ST. LOUIS . . . JOPLIN, MISSOURI

AND OKLAHOMA CITY LOOKS MIGHTY PRETTY . . .

NOW YOU'LL SEE AMARILLO . . . GALLUP, NEW MEXICO

FLAGSTAFF ARIZONA . . . DON'T FORGET WINONA, KINGMAN,

BARSTOW, SAN BERNADINO . . .

WON'T YOU GET HIP TO THIS TIMELY TRIP

WHEN YOU MAKE THAT CALIFORNIA TRIP

"GET YOUR KICKS ON ROUTE 66"

On the Road
Wandgemälde wie dieses erinnern an die Geschichte der Hauptwanderstraße
während Zeit der Sandstürme und der großen Depression.

Während ich meinen alten Chevrolet Station aufschließe, fällt mein Blick auf den zusammengerollten Schlafsack hinter dem Fahrersitz, der dort für alle Fälle liegt, und der Plan kommt wieder ins Bewußtsein. Die alte „Route 66" ist mit etwa 3500 Kilometern vor mir und damit der Weg ins sonnige Kalifornien. Im Handschuhfach liegt ein altes zerfleddertes Büchlein mit dem Titel „A Guide Book to Highway 66". Der Autor Jack D. Rittenhouse hatte es 1946 im Selbstverlag herausgegeben und dort minutiös den Verlauf dieser Straße aufgezeichnet, der er mehrfach bis zum Pazifik über ihre gesamte Länge gefolgt war. Seine letzte Fahrt für das Buch unternahm er im Veröffentlichungsjahr in einem 1939er Bantam Coupé mit 22 PS ohne den heutigen Komfort. Damals nannten Reisende die Motels an der „U.S. 66" noch Tourist Courts und die Straße selbst war gerade 20 Jahre alt.

1926 war das Geburtsjahr des U.S. Highway 66 und damit die Stunde der ersten durchgehenden Verbindung Amerikas von Ost nach West. Bis dahin kannte das große Amerika nur verschieden gestückelte Straßen innerhalb der einzelnen Staaten, von denen die bedeutenderen Mitte der zwanziger Jahre numeriert wurden. Ungerade Zahlen für Nord-Süd-Verbindungen und gerade Zahlen für Strecken, die von Ost nach West verliefen. Die Straße von Chicago, Illinois nach Los Angeles, Kalifornien erhielt die „66" und führte durch insgesamt 8 Bundesstaaten. Doch auch wenn nun überall Schilder aufgestellt wurden, so waren doch erst 800 Meilen der neuen „Main Street of America" befestigt.

Aber es war eine Straße in den Westen. Eine Straße ins sonnige Kalifornien, das selbst zu Zeiten der großen Depression noch Wohlstand versprach. Etliche hunderttausend Männer und Frauen folgten damals dem Weg in den Westen. Mit ihren Familien wollten sie der Armut im Osten entfliehen und hofften auf Arbeit und Wohlstand im Westen. Oft jedoch wurde ihr Traum an der Grenze Kaliforniens jäh beendet, wenn Männer mit Baseballschlägern an einer Durchlaßstelle verlangten, daß 60 Dollar Bargeld vorgewiesen werden mußten, bevor die Fahrt ins gelobte Land weitergehen konnte. Vieler Menschen Traum, ihr Glück zu machen, zerschlug sich hier. Durch ihren Traum aber waren die Tankstellen und Geschäfte entlang der Route 66 in der Lage zu überleben. Und schließlich, im Jahre 1937, konnte die Straße, die so vieler Menschen Hoffnung verkörpert hatte, einen durchgehend festen Belag aufweisen. Diese Tatsache erwies

sich dann während des zweiten Weltkriegs als äußerst nützlich.

Tausende von Soldaten bewegten sich in Militärkonvois quer durch das weite Amerika. Auch nach dem Krieg sank die Popularität der Lebensader dieses Landes nicht. Natürlich gab es mittlerweile auch andere Interstate Highways von Ost nach West. Doch die „66" blieb die erste Wahl. Dies hatte sicherlich viele Gründe, von denen die meisten allerdings geographischer Natur waren. Da waren die Highways 30 und 40 im Norden, die im Winter oft schlecht befahrbar waren oder die U.S. 80 im Süden, die lange Strecken durch heiße und trockene Wüsten führte. Der Highway 66 hingegen schlängelte sich mitten durch Amerika. Die schönsten Landschaften, Wälder, Berge und Täler mit einfachem Zugang zu nahen Naturparks machten für viele den Reiz der Straße aus. Neben der wirtschaftlichen Bedeutung wurden Ferien via „Route 66" so etwas wie eine amerikanische Tradition. Der Wohlstand am Wegesrand blühte offensichtlich, während sich chromblitzende Automobile Stoßstange an

Stoßstange über den Asphalt schoben.

Etwa 200 Meilen weniger lagen mittlerweile zwischen Chicago und Los Angeles, als im Jahre 1960 eine Fernsehserie mit dem Titel „Route 66" über die Mattscheiben flimmerte. 4 Jahre lang fuhren die beiden Helden dieser Reihe in einem Chevrolet Corvette über Amerikas Straße. Doch es dauerte dann keine 10 Jahre mehr, da begann der Ruhm zu verblassen. Nach und nach waren immer größere Teile der alten Straße durch breite, gerade Superhighways ersetzt worden, die meist einige Meilen versetzt parallel zur alten „Route 66" liefen. Im Jahre 1970 stellte schließlich selbst die „U.S. Highway 66 Gesellschaft", Ende der 50er Jahre zu Promotionzwecken gegründet, ihre Werbung um. Sie nannte sich nun „Main Street of Amerika Gesellschaft", und in ihrer Werbung trat die „66" immer mehr in den Hintergrund. Stattdessen setzte man auf die Zahlen der fünf Parallel-Highways. Die „55" von Chicago nach St. Louis, die „44" von St. Louis nach Oklahoma City, die „40" von Oklahoma City nach Barstow in Kalifornien, die „15" von

West of Oatman, Arizona
Das offizielle Schild verdeutlicht es. Einige der Bürgerbewegungen zum Erhalt der historischen „Route 66" hatten bereits Erfolg.

Barstow nach San Bernadino und schließlich die „10" von San Bernadino nach Los Angeles. Diese 5 Zahlen konnten aber mit den Interstate Highways, für die sie standen, nur den wirtschaftlichen Wert der alten „Route 66" ersetzen. Als 1985 dann schließlich alle alten „66"-Straßenschilder abmontiert wurden, bedeutete dies das offizielle Aus für die legendäre Straße. Doch sie war mehr gewesen als ein Wirtschaftsweg durch Amerika. Mit ihr verbanden sich Träume, Hoffnungen, Existenzen und jede Menge Geschichten. Und die konnten nicht einfach durch 5 große Interstate Highways ersetzt werden.

ILLINOIS

Chicago

Plainfield
Joliet

Wilmington

Gardner

Bloomington

Lincoln

Springfield

Carlinville

Edwardsville

ILLINOIS

Chicago, Illinois
Enge Straßenfluchten, ständig rollender Verkehr und hektisches Großstadt-
leben sind Kennzeichen der Millionenstadt am Michigan See.

Auch wenn mein alter Chevy die mehrspurigen Superhighways mehr honorieren würde, so interessiert mich jetzt die alte „Route 66" und was aus ihr geworden ist. Der V8-Motor brummt satt, während es Stoßstange an Stoßstange stadtauswärts geht. Die Straßenschluchten werden flacher und die Werbetafeln tragen spanische Worte. Anzeichen für die Vorstadt und für die Flexibilität amerikanischer Werbung. Ich verlasse den Moloch Chicago. Interstate 55 läuft unter den Rädern in Richtung Plainfield. Von der historischen „66" keine Spur. Doch ich bin unterwegs – on my way. Die Sonne kommt allmählich durch die Wolken und die Auswahl an Radiosendern läßt keinen Wunsch offen.

Als erstes Indiz für die reale Existenz der legendären Route bemerke ich eine Tankstelle am Highway. „Philipps 66" – eine Benzinmarke. Die Zahl im Namen weist auf die Hauptstraße Amerikas hin. Trotz der Tatsache, daß die „66" nur noch auf ganz wenigen Kilometern offiziell existiert, ist man der Zahl treu geblieben. Ich verlasse die Straße, tanke auf, checke das Öl im riesigen Motorblock und will mehr wissen. Die freundliche Bedienung an der Kasse nimmt mein Geld und sagt „Sorry", aber warum das Benzin so heiße, wisse sie leider nicht. Doch ihr Vater wisse vielleicht mehr. Sie zeigt auf die Garage nebenan, in der gerade ein Wagen steht. Er scheint offensichtlich Probleme mit dem Vergaser zu haben, denn der Mechaniker flucht vor sich hin, während er mit seinem Oberkörper fast im Motorraum ver-

17

schwindet. Ich stelle mich in den Eingang und warte etwas. Als sich der Mann aufrichtet und das Öl von seinen Fingern wischt, sehe ich das Namensschild am Overall und stelle meine Frage. Bob, so heißt er, ist so um die fünfzig Jahre alt und offensichtlich gewillt eine kleine Pause einzulegen. Ja, die Geschichte mit dem Namen sei wirklich etwas Besonderes, fängt er an, während er sich eine Coke zieht. Dann erzählt er mir die Legende, die Philipps Petroleum Company mit der „66" verbindet.

1927 hatte die Gesellschaft ihre erste Raffinerie nahe der „Route 66" in Texas. Die Werbung sollte aufgebaut werden und das Benzin einen Namen erhalten. Ein offizieller Vertreter reiste zum Termin der Namensgabe über Highway 66 an, wobei er das neue Benzin testete. Er soll dann zu seinem Fahrer gesagt haben: „Der Wagen fährt wie 60 mit dem neuen Benzin" Woraufhin dieser entgegnete: „Sechzig, nein – wir fahren sechsundsechzig!" Als dieser Umstand dann auf dem Treffen nahe Tulsa an der „66" erwähnt wurde, da stand der Name fest – „Philipps 66". Als Fir-

menzeichen wurde ein Schild in Form der amerikanischen Highwayausschilderung gewählt, und darauf ist Bob offensichtlich auch heute noch sehr stolz. Denn, so fügt er ernst hinzu, die alte Straße habe doch mehr verdient, als einfach so vergessen zu werden. Damit das nicht passiere, hätten sich im Staate Illinois, ebenso wie in den meisten der 8 anderen Staaten, durch die die „Route 66" führt, Leute zusammengefunden. Gemeinsam wolle man die Erinnerung an diese ehemalige Lebensader Amerikas nicht in Vergessenheit geraten lassen. „Ich finde schon, diese Leute haben Recht.", sagt Bob mit fast ernster Miene, bevor er sich wieder dem Vergaserproblem zuwendet. Ein „Thanks" verhallt irgendwo im Motorenlärm, als Bob seinen Problemwagen startet.

Mein Weg hingegen geht problemlos weiter. Mit vollem Tank schnurrt der V8, und ich habe Zeit. Die Hände riechen noch etwas nach Benzin, als ich eine Zigarette anzünde. Es ist der Geruch der Straße, der motorisierten Fortbewegung. Doch auch nach dem Gespräch mit Bob, bleibt die alte „Route 66" schwer zu

finden. Sie hat hier keinen Namen. Interstate 55 hat sie gefressen. In Pontiac, einem kleinen Städtchen am Rande der großen Straße, halte ich und frage nach. Kaum einer, der sich erinnern könnte. In dieser Siedlung mit dem Namen eines großen Indianerhäuptlings habe ich wenig Erfolg mit meinen Fragen. Ich sehe schöne Holzvillen mit gepflegten Vorgärten. Breite Wagen gleiten langsam durch die ruhigen Straßen. Ein schöner Ort, doch keine Antworten. Schließlich kann mir eine deutschstämmige Motelbesitzerin Auskunft geben. „Immer den Schienen entlang. Die alte Straße folgte immer der Eisenbahn." so sagt sie und schickt mich geradewegs in eine Sackgasse. Ich bin enttäuscht und fahre wieder zum Interstate 55. Dort erst wird mir langsam bewußt, wie wertvoll es ist, zu wissen, daß die „Route 66" parallel zur Eisenbahnlinie läuft. Wann ich die Spur auch verlieren sollte, ich kann mich immer an der Eisenbahnstrecke orientieren, die auch jetzt links neben dem Highway sichtbar ist. Diese Erkenntnis tröstet mich etwas, während ich gemütlich in Richtung Sü-

On the Road
Die Form eines Highwayzeichen und die einprägsame „66" sind auch heute noch überall in Amerika Hinweis für Service am Straßenrand.

den rolle. Eine Notiz kommt mir in den Sinn. Darin stand, daß 1977 alle „66"-Zeichen in Illinois entfernt wurden, als der Interstate 55 mit seinem breiten Asphalt die alte Straße vollständig aufgesogen hatte. Damals waren die Gefühle für die „U.S. 66" jedoch so stark, daß viele Bürger nach den alten Straßenschildern bei den Behörden anfragten. Um den Ansturm der Nachfragen bewältigen zu können, wurden schließlich 7.000 Aluminiumzeichen im Staatsgefängnis nachgeprägt und für 4 Dollar pro Stück verkauft. Welche Straße hat schon so viele Anhänger? Diese Frage stelle ich mir und komme zu dem Schluß, ein vergleichbares Synonym wie die „66" für die jüngere geschichtliche Entwicklung, verbunden mit dem persönlichen Schicksal vieler Leute, gibt es in Amerika wohl kaum. Während ich so sinniere, nähere ich mich der Staatsgrenze von Illinois.

MISSOURI

MISSOURI

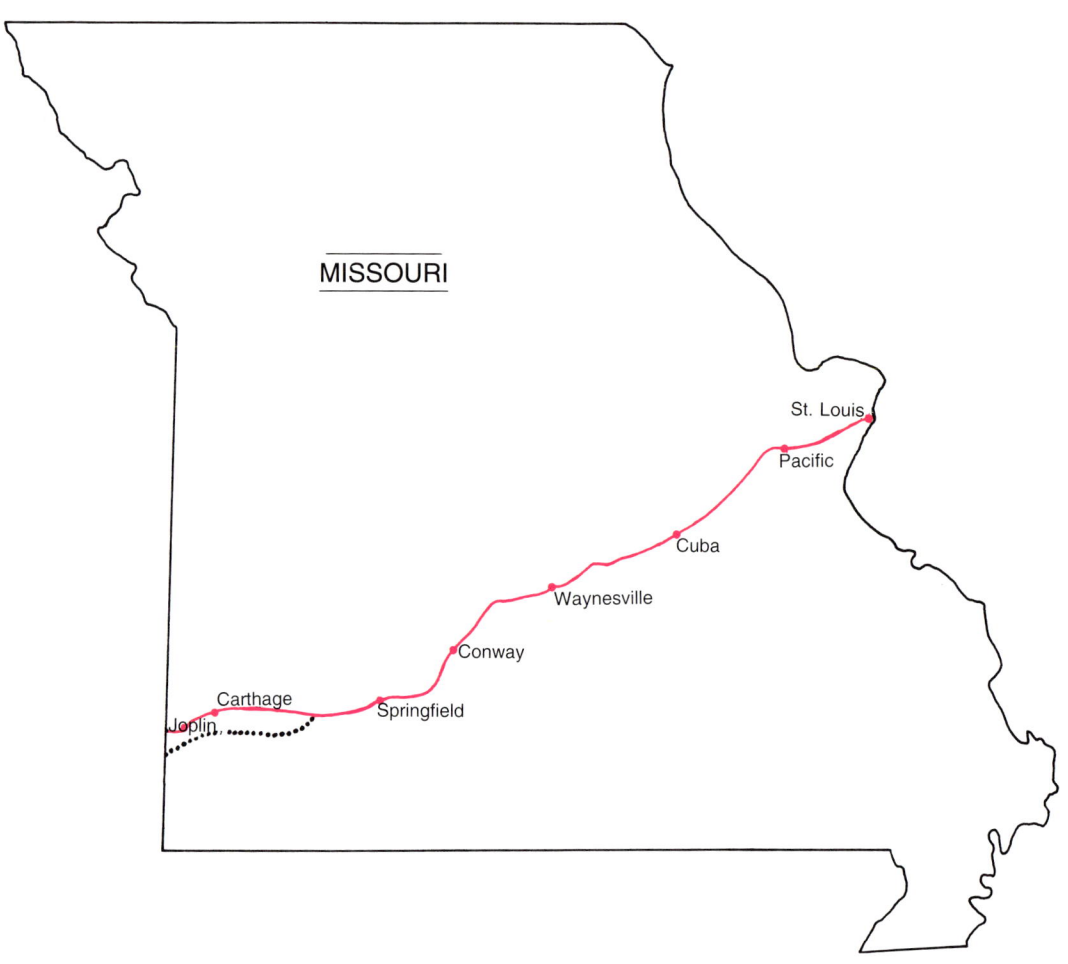

St. Louis

Pacific

Cuba

Waynesville

Conway

Carthage
Joplin
Springfield

St. Louis, Missouri
*Mehr als 200 Meter ragt der riesige Stahlbogen „The Arch" unmittelbar am
Mississippi in den Himmel. Hier ist das Tor zum Westen.*

St. Louis, Missouri, das Tor zum Westen, liegt vor mir. Hier, in einer der geschichtsträchtigsten Städte Amerikas, endet mein Weg nach Süden. Ich überquere den breiten Mississippi und sehe den großen, stählernen Torbogen. Mehr als 200 Meter thront sein höchster Punkt über dem Wasser des Flusses. Eine wahrhaft imposantes Monument des Designers Eero Saarinen. Staunend stehe ich vor dem stählernen Koloß. Von hier aus führt mich mein Weg nur noch in Richtung Westen. Schließlich will ich ins sonnige Kalifornien, wo mich der Pazifik erwartet. Und plötzlich erscheint mir das riesige Monument etwas klein im Vergleich zu dem Glauben und der Hoffnung all derer zusammen, die von hier ihren Weg in den Westen fortsetzten. Kinder spielen im Park, während andere sich mit kleinen Kabinenaufzügen in die Spitze des Bogens begeben. Ich lehne im Schatten an dem rostfreien Metall und schaue in den blauen Himmel.

Wie bequem ist mein Weg nach Westen im Vergleich zu denen, die ihn Jahrzehnte vor mir antraten. Jack D. Rittenhouse hatte 1946 weder Aircondition noch Kassettenrecorder. McDonald's, Burger King und all' die übrigen Fast-Food-Ketten verkauften zu jener Zeit noch nicht in tausenden von Niederlassungen das schnelle Essen am Rande der Highways. Doch selbst als er mit Geschwindigkeiten von etwas über 50 Stundenkilometern durch das ganze Land fuhr, bestand die „Route 66" schon 20 Jahre. Was für ein Komfort stand wohl den ersten Reisenden auf dieser Straße zur Verfügung? Ich kann es mir kaum vorstellen, denn in der heutigen Zeit habe ich die freie Auswahl bei einem riesigen Motelangebot. Ich kann mich für das chinesisch geführte Haus entscheiden, in dem mir der Herr am Empfang die niedrigsten Preise im ganzen Ort verspricht, und damit ein leicht muffig riechendes Zimmer in Kauf nehmen. Oder ich kann in dem Motel einer großen Kette nächtigen und für wenig Geld überall im ganzen Land den gleichen Komfort erwarten, bis hin zur gleichen Raumaufteilung und den gleichen Bildern an der Wand. Sofern ich dann will, bringt mir der Pizza-Service auf Anruf innerhalb von 20 Minuten ein ofenfrisches, heißes Essen mit Getränken auf mein Zimmer, und das Satelliten-TV vertreibt die Langeweile einer Motelnacht, wenn ich es möchte. Reisen ist in diesem großen Amerika in gleichem Maße bequem und alltäglich geworden, wie die Notwendigkeit sich von einem Ort zum anderen zu begeben gestiegen ist. Die Nähe eines großen Interstate Highways bietet heute fast immer die Gewißheit für den Reisenden, auf keinerlei Komfort verzichten zu müssen. Die Interstate Highways sind die heutigen Lebensadern Amerikas mit Serviceleistungen rund um die Uhr.

Doch ich brauche nicht schnell reisen, habe keine Hast, kann auf Annehmlichkeiten verzichten. Ich will sehen, wie Amerika abseits der großen Straßen aussieht. Will sehen, was aus dem Wohlstand der „U.S. 66" geworden ist, seit sie durch die großen Superhighways ersetzt wurde. Ein kleines Nikkerchen im Schatten des riesigen stählernen Bogens noch und dann ...

Als ich erwache, ist es bereits Nachmittag, Zeit St. Louis zu verlassen. Den silbernen Chevrolet hatte ich im nahen Parkhaus geparkt und werde

West of Pacific, Missouri
Hoch über der Straße thront der ausgesonderte Wagen. Ein Schrottplatz wirbt mit dem unvergessenen Highway, dessen Namen er trägt.

nun dafür mit einer ziemlich hohen Parkgebühr belegt, bevor ich der Sonne entgegen in Richtung Westen rolle, genüßlich eine Soda schlürfend, die ich mir eiskalt am Automaten gezogen habe. Der Weg aus der Stadt bereitet keine Probleme. Zu meiner Freude stelle ich fest, daß die „Route 66" hier ausgeschildert ist. Als kleine Staatsstraße ist ihr Verlauf identisch mit dem Geschäftsabzweig des Interstate 44. Endlich ein offizielles Straßenschild, schwarz auf weiß. Ich folge der Ausschilderung und stel-

le schon bald fest, „Route 66" ist hier noch nicht vergessen. Wenn es auch nur ein Schrottplatz ist, der einen alten Wagen mit Stützen 10 Meter über den Erdboden geliftet hat, so prangt dort doch in großen Buchstaben „Hwy 66 Salvage" auf den Türen des ehemaligen Nobelwagens hoch in der Luft. Es mutet seltsam an. Ein Schrottplatzbesitzer wirbt mit dem Namen dieser fast vergessenen Straße. Symbolisch oder nicht, ich freue mich jedenfalls auf den nächsten Meilen darüber, bis schließlich der Ge-

schäftsabzweig des Interstate 44 wieder auf den vierspurigen Asphalt mündet.

Die neue Straße kann ich jedoch glücklicherweise vermeiden. Die alte „Route 66" läuft nun als kleine Servicestraße unmittelbar parallel dazu. Kaum beachtet und unscheinbar ist sie, die Fahrbahnmitte unmarkiert. Der Asphalt weist Schlaglöcher auf. Viele der kleinen Brücken, über die mein Weg führt, tragen auf Bronzeschildern Jahreszahlen des Beginns dieser Straße. Die Vergangenheit macht mir die Freude und läßt sich anfassen. Durch das weite, hügelige Land habe ich zur Linken meinen ständigen Begleiter, die Eisenbahnlinie. Mit Telegrafendrähten an ihrer Seite läuft sie dunkelbraun durch das saftige Grün der Wiesen. Die Hoffnungen der Wanderer nach Westen früherer Zeiten müssen hier noch groß gewesen sein.

Mit diesem Gedanken halte ich an einem der vielen Verkaufsstände am Straßenrand.

Es ist eine von den selbst gezimmerten Holzbuden, wie sie hier vielfach am Rande des Highway stehen. In der Auslage liegen Obst und Gemüse. Ich bin der einzige Kunde an diesem Stand mit handgemaltem Werbeschild, das auf selbstgemachten Wein hinweist. Ja, sein Wein wäre sehr gut, sagt Mr. Rosati. Der 72jährige Weinbauer freut sich über jeden Kunden. Seit der neue Interstate die Leute vorbeirasen läßt, so klagt er, gehen die Geschäfte schlecht. Dabei habe er die schönsten Früchte immer frisch und ausgezeichneten Wein. Ob er schon zu Zeiten der alten „Route 66" hier gestanden habe, will ich wissen. Mit lauter, vor Undeutlichkeit kaum zu

verstehender Aussprache, erzählt er nun stolz seine Geschichte. Ja, er kenne die alte Straße gut. Schon sein Großvater habe hier gelebt. Mit Hilfe von Mauleseln sei damals der Weg geebnet worden, um eine vernünftige Verbindung nach St. Louis zu bekommen. Asphalt habe es hier erst sehr viel später gegeben. So schlecht sei der Weg in die Großstadt gewesen, daß der Vater mit seinem Ford T damals sogar bis zu sieben Mal mit einem platten Reifen liegenblieb, bevor er in der knapp 100 Meilen entfernten Stadt ankam. Heute aber, so fährt Mr. Rosati fort und steckt die Hände in die Taschen seiner verwaschenen Latzhose, heute sei die Straße zu gut. Kaum jemand, der noch anhalte und bei ihm kaufe. An Profit sei da nicht mehr zu denken. Wenn er nicht schon so alt wäre, müßte er sein Geschäft wohl aufgeben. Einen kleinen Korb seiner dunklen Weintrauben und eine Honigmelone kaufe ich schließlich, bevor die Straße mich wieder ruft.

Die Trauben haben eine bittere Süße. Ich finde, sie passen zu Mr. Rosati, auch wenn sie nicht mein Geschmack sind. Mit Salz-

kräckern zusammen gegessen allerdings schmecken sie mir ausgezeichnet. So finden bald alle Trauben und selbst meine letzten Notverpflegungs-Kräcker ihren Weg in meinen Bauch. Hier verursachen sie dann ein ziemliches Völlegefühl, während ich durch das Land fahre, in dem einst der legendäre Jesse James lebte, wobei er sich einen großen Teil seiner Zeit vor dem Gesetz versteckte. Die Gegend um Stanton ist wirklich ideal für jemanden, der nicht entdeckt werden möchte. Große, geheimnisvolle, dunkle Höhlen gibt es hier. Die „Meramec Caverns" sind die bekanntesten. Der Tourist kann sie heute kaum mehr verpassen. Schuld daran ist die Werbung am Highway. Sie wird hier so intensiv betrieben, wie kaum sonst. Schon Autostunden vorher stehen die ersten großflächigen Werbetafeln, die sich dann mit der entsprechenden Annäherung verdichten. Wer trotzdem vorbeifährt wird noch etliche Meilen später ermahnt, daß er etwas verpaßt habe und Umkehr wirklich notwendig sei. In früheren Zeiten soll sogar noch intensiver um die Touristen geworben

West of Stanton, Missouri
Die Geschäfte gingen schon besser. Doch mit seinen 72 Jahren ist Weinbauer
Rosati mit seinem Stand zu alt für einen Neuanfang.

East of Carthage, Missouri
Noch hält das Zeichen, was es verspricht. Doch irgendwann wird es wohl dann einfach so dastehen und unbeleuchtet ins Leere weisen.

worden sein. So wird von Managern berichtet, die Schüler damit beauftragten, große Aufkleber an den Frontstoßstangen der Besucher anzubringen. Wenn die Reisenden dann ihren Weg fortsetzten, wiesen sie automatisch den Gegenverkehr auf die bald anstehende Attraktion hin. Seit die Fahrbahnen der großen Interstate Highways durch einen Grünstreifen getrennt sind, hat sich diese Art der Werbung allerdings erledigt. Es war eine Werbung, zugeschnitten auf die Verhältnisse der alten „Route 66", auf

der ich mit dem alten Chevy gemächlich vorwärts rolle.

Hinter Springfield, einer der größten Städte Missouris, entfernt sich die alte Straße dann mehr als bisher von dem großen vierspurigen Highway. Durch saftig grüne Wiesen führt sie nach Carthage, einem kleinen Ort, der 1865 im Bürgerkrieg der Union mit den Konföderierten dem Erdboden gleichgemacht und einige Jahre später dann als häufiger Aufenthaltsort der berüchtigten Banditin Belle Star bekannt wurde. Heute allerdings ist

es eine Kleinstadt wie viele andere auch, wenn auch die junge amerikanische Geschichte an diesem Ort einen drastischen Verlauf nahm. Das ist immerhin etwas in einem Land, dessen Historie erst seit 200 Jahren vom weißen Mann geschrieben wird. Für mich bedeutet dies im Moment, daß mich nur noch wenige Meilen von der Grenze des Bundesstaats Kansas trennen.

Kurz vor Galena, dem ersten Ort auf meinem Weg in Kansas, wirkt die Straße mehr und mehr verlassen. An

On the Road
Daß die besten Tage der Hauptwanderstraße gezählt sind, zeigt sich auch in Kleinigkeiten. Verwitterte Werbeaufkleber sind ein Indiz.

den Seiten ausgefranster Straßenbelag mit Schlaglöchern, die dem schweren Chevrolet laute, dumpfe Töne abnötigen, sie lassen in mir den Eindruck aufkommen, auf dem falschen Weg zu sein. Nur hin und wieder taucht ein altes verrostetes Geschwindigkeitsschild auf. Doch die Tatsache, daß die Eisenbahnstrekke unmittelbar links von mir verläuft, macht mich relativ sicher, auf der alten „U.S. 66" zu sein.

KANSAS

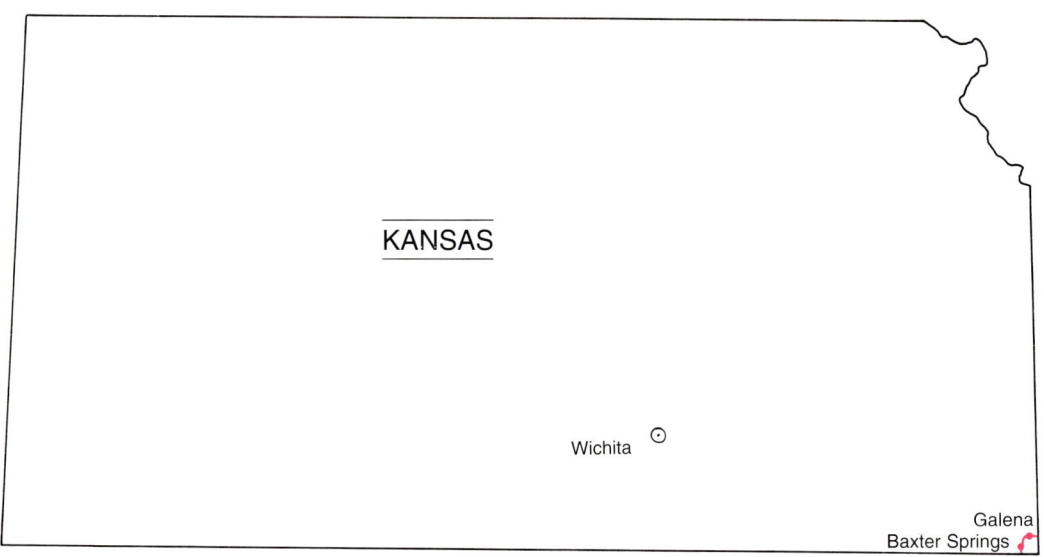

KANSAS

Wichita ⊙

Galena
Baxter Springs

Galena, Kansas
„Sorry we are closed" Ein Schild scheint für einen ganzen Ort zu sprechen.
Schon lange fährt hier kein Durchgangsverkehr mehr.

In Galena dann zerstreuen sich alle Zweifel, als ich festelle, in Kansas ist die „Route 66" wieder ausgeschildert. Ein kurzer Besuch im liebevoll aufgebauten örtlichen Museum klärt die Sachlage. Der gesamte Verlauf der legendären Straße war Anfang der sechziger Jahre so umgeleitet worden, daß das kurze Stück durch Kansas vollständig wegfiel. Im Jahre 1977 wurden dann allerdings auf den 10 Meilen, die die Straße durch diesen Bundesstaat läuft, wieder Zeichen mit der klassischen „66" aufgestellt. Während ich durch Galena fahre und mich über die Straßenschilder freue, muß ich unweigerlich an einen Satz denken, den Jack D. Rittenhouse 1946 über diesen Ort in sein Buch schrieb: Eine Stadt, deren Wachstum sich verlangsamt zu haben scheint. Angesichts der mit Brettern vernagelten Häuserfronten finde ich diesen Eindruck auch heute, fast ein halbes Jahrhundert später, immer noch zutreffend. Ich lasse Galena mit seinem morbiden Charme, der so typisch für die Städte abseits der großen Interstate Highways zu sein scheint, dann bald hinter mir und bin kaum eine Zigarettenlänge später schon im Bundesstaat Oklahoma.

On the Road
Räder, eine Maschine und eine Straße, da kann einem der Rest der Welt schon mal ganz ega

...ein, solange nur das Feeling stimmt.

OKLAHOMA

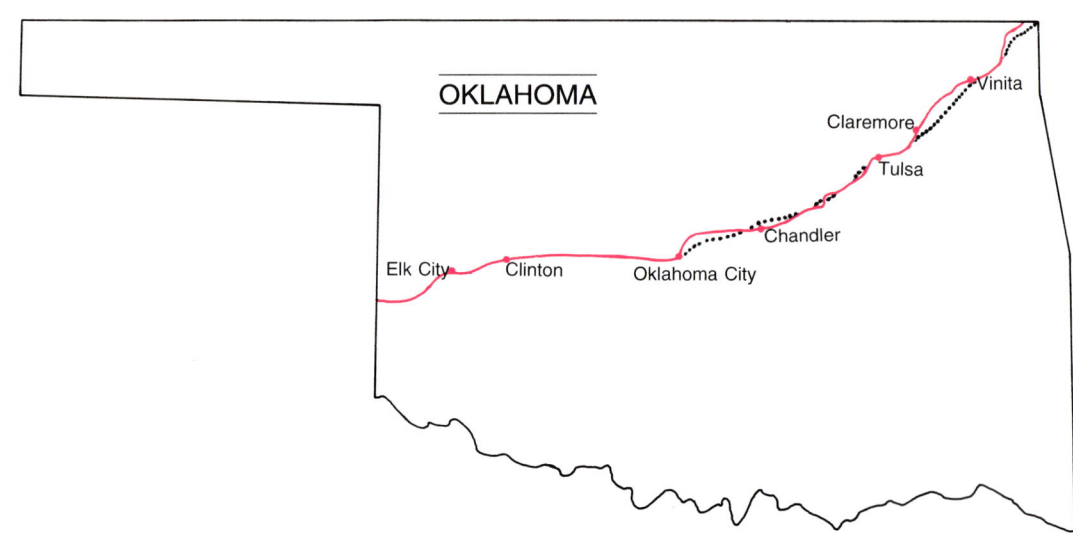

OKLAHOMA

Elk City Clinton Oklahoma City Chandler Tulsa Claremore Vinita

On the Road
Am späten Vormittag sieht so manches kleine Restaurant leer aus, doch American Breakfast und die letzten News gibt es den ganzen Tag.

Die Straße führt mich nach Süden zum „Will Rogers Turnpike", der Fortsetzung des Interstate 44 in Oklahoma. Diese Schnellstraße, die gut ausgebaut Reisende gegen Gebühr zur Hauptstadt, Oklahoma City führt, ist jedoch nichts für mein benzinfressendes Monstrum und mich. Wir bleiben mit der „66" auf „unserem" Weg. Es geht über Claremore, die Geburtsstadt von Will Rogers, des bekannten amerikanischen Humoristen. Er, der einmal sagte, „Ich traf nie jemanden, den ich nicht mochte.",

brachte es vom Landjungen und Farmhelfer mit Witz und Lassokünsten zu einem der bekanntesten Künstler der USA, bevor er 1935 bei einem Flugzeugunglück ums Leben kam. Drei Jahre nach seinem Tod wurde ihm auf seinem Grundstück unweit der „66" für 200.000 Dollar ein Denkmal in Form eines Museums gesetzt. Doch viel mehr lebt sein Name heute noch weiter im Namen der Straße. So trägt nicht nur das kurze Stück des neuen Turnpike offiziell seinen Namen, sondern die gesamte „Route 66" wurde

ihm als Humoristen, Weltreisenden und gutem Nachbarn gewidmet. „Will Rogers Highway" ist heute einer der Namen für die legendäre Straße.

In Tulsa, wo der Will Rogers Turnpike endet, gönne ich mir ein ausgiebiges Frühstück. Es ist hier, in der Hauptstadt des Öls, nicht anders als überall. Während sie mir eine der vorbereiteten Tassen umdreht, sagt die Kellnerin freundlich „Hi" und fragt nach meinem Befinden. Auch wenn es eine Phrase ist, irgendwie tut es immer ein bißchen gut. Sie gießt mir den dampfenden Kaffee ein, und ich denke an Pfannkuchen mit Ahornsirup. Doch dann erscheinen sie mir für den heutigen Morgen zu süß. Ich bestelle schließlich Rührei, Weizentoast, Röstkartoffeln und eine Scheibe Schinken. Hinten in der Küche sehe ich den Koch schwitzen, während er Eier wendet und einen Teller nach dem anderen unter die Rotlichtbirnen stellt. Es ist voll hier. Leute kommen und gehen. Jeder auf seinem Weg. Nichts von der Romantik vergangener Tage, die ich aus Büchern kenne. Keine Bedienung, die wartend auf einige Trucker hofft und sich dann das Haar hochsteckt, wenn sie endlich kommen. Keine anzüglichen Witze für ein gutes Trinkgeld. Sondern viel Arbeit mit dem Bemühen um gleichbleibende Freundlichkeit und guten Service. Gute Teamarbeit zur Deckung des morgendlichen Frühstückbedarfs einer großen Masse. Doch mir schmeckt's und ich habe Zeit. Die halbleere Kaffeetasse wird immer wieder mit einem Lächeln aufgefüllt, bis ich schließlich zahle und einen Dollar liegen lasse.

Mit vollem Magen sitze ich bald wieder auf dem breiten Sitz meines riesigen Station. Es geht vorbei an kleinen Städten, in denen das Leben fast zu stehen scheint. Die Hektik der Großstadt ist hier fremd. Am Straßenrand stehen alte Tankstellen, seit Jahren verlassen. Vögel nisten hinter den zerbrochenen Scheiben der Zapfsäulen. Die „66" umspielt jetzt gut ausgeschildert den Interstate 44. In Chandler halte ich an, laufe ein wenig über die breite Hauptstraße und bleibe plötzlich vor dem Lincoln County Museum stehen. Ein altes Original hängt dort im Fenster. „Oklahoma US 66" hebt sich auf dem Schild in schwarzer Schrift von einem schmutzig weißen Hintergrund ab. Von außen sehe ich im Museum weitere „Route 66"-Embleme. Ich möchte hinein, doch es ist schon geschlossen. Im Bekleidungsgeschäft nebenan frage ich nach. Elisabeth, die Besitzerin ist sehr freundlich. Sie fängt an, mit einigen Leuten zu telefonieren. Wenige Minuten später lächelt sie mir dann zu. Eine Freundin hat Zeit und den Schlüssel für das Museum. Während wir warten, klagt die grauhaarige Elisabeth über den neuen Turnpike. Seit er die „66" ersetzt hat, gehen ihre Geschäfte schlecht. Der Durchgangsverkehr bleibt schon seit Jahren aus. Der Turnpike ist einfach schneller. Letztens wurde dort noch ein Supermarkt gebaut. Seit er da ist, kommen bis auf wenige Stammkunden, kaum noch Leute in das kleine Bekleidungsgeschäft. Doch Elisabeth ist zu alt für einen Neuanfang. Deshalb bleibt sie und verkauft ihre Konfektionsware so lange es noch geht. Doch dann kommt ihre Freundin Selma mit dem Schlüssel. Sie öffnet die Museumstüre und zeigt mir stolz das alte Schild. Es ist ein unverkäufliches Original, mittlerweile etliche hundert Dollar wert. Immer wieder, so erzählt sie, halten Leute an und fragen nach. Die „66" werde hoffentlich wieder bekannt. Das sei gut für die Stadt, die schließlich viele Jahre von dieser Straße gelebt habe. Örtliche Politiker unterstützen dieses Interesse. Chandler besinnt sich auf seine Vergangenheit, um die Zukunft zu retten. Im Museum liegen neben „66"-T-Shirts auch Nachdrucke des alten Straßenschildes zum

Chandler, Oklahoma
Auf die Wiedergeburt der legendären „Route 66" setzen viele Geschäftsleute,
deren Werbeschilder heute kaum noch jemanden ansprechen.

Gas Station, West of Tulsa, Oklahoma
Zwischen Tulsa und Oklahoma City säumen aufgegebene Tankstellen die „Old Route 66".

Der neue, schnelle Interstate Highway ist nie weit.

East of Oklahoma City, Oklahoma
Benzinfressendes Monster in klassischer Form auf einer legendären Straße -
manche Sachen haben einfach ihren ganz besonderen Reiz.

Verkauf bereit. Als ich mich schließlich bei den beiden netten Damen bedanke, habe ich eines der T-Shirts gekauft. Mit dem guten Gefühl, nun ein faßbares Souvenir zu besitzen, verlasse ich den kleinen Ort.

Als die Dunkelheit anbricht, fahre ich immer noch über eine Straße, die kleine Städte miteinander verbindet. Städte, deren Ruhe mir vorkommt wie ein Dornröschenschlaf. Aufgereiht an einer Straße voller Erinnerungen und verlassener Tankstellen. Es herrscht kaum Verkehr. Am Fahrbahnrand steht ein großes Schild mit reflektierenden Buchstaben. „Route 66 Memorial Highway" lese ich. Doch wie viele außer mir lesen es noch? Die „66", hier überall als „Free Road" neben dem kostenpflichtigen Turnpike ausgeschildert, scheint für den Durchgangsverkehr nicht mehr interessant zu sein. Sie, die freie Straße, deren Benutzung nie Geld kostete und die für viele den Traum von der persönlichen Freiheit im gelobten Land Kalifornien symbolisierte, ist heute nicht mehr gefragt. Als gut ausgebaute Landstraße schlängelt sie sich durch das Farmland Oklahomas. Doch der kostenpflichtige Turnpike ist schneller, und Zeit ist Geld. Am Turnpike ist das Leben. Dort sind die großen Tankstellen und Motels. An der „66" hingegen verkommen nur wenige Meilen entfernt die Servicestationen der Reisenden vergangener Tage. Zu den geschlossenen Tankstellen gesellen sich verlassene Motels. Einfahrten, die niemand mehr benutzt. Türen, die keinem mehr den Zutritt verwehren. Betten ohne Matratzen. Getränke-

„Roadside Cafe", Oklahoma
Die Anzahl der unabhängigen Restaurants am Rande der Straße nimmt zusehends ab. Große Ketten prägen heute immer mehr das Straßenbild.

„Big 8 Motel", Oklahoma
Abseits des schnellen Interstate Highways mit seinen großen Motelketten
liegen die Familienunternehmen vergangener Tage.

automaten ohne Getränke. Staub und Rost haben sich über die meisten Dinge gelegt. Tribute an die Zeit – nicht erst seit gestern. Teilweise noch mit dem ehemals werbewirksamen Namen „66" versehen.

Ich steuere meinen Wagen durch das leicht hügelige Land in Richtung Hauptstadt. Dort treffen sich die großen Interstate Highways und die kleine „66" löst sich auf, verschwindet in dem Gewirr. Doch nun gibt es hell erleuchtete Tankstellen, preiswerte Motels der großen Ket-

ten und 24-Stunden-Service. Hier muß ich nicht lange suchen, um zu finden, was ich brauche. Eine preiswerte Unterkunft und eines der vielen Restaurants.

Später dann liege ich auf dem immer gleichen Motelbett und schalte zwischen den vielen Fernsehkanälen herum. Spielfilme und Sport, zwischendurch Werbung. Inmitten der herrlichen Einheitskost dann ein Bericht über die Geschichte der Hauptstadt. Oklahoma City wurde an nur einem Tag besiedelt und gegründet, dem 22. 04. 1889. Tausende

hatten vorher an der Grenze gewartet. Auf ein Signal hin ritten sie los, um ihren Teil des Landes abzustecken, das die U.S.-Regierung von fünf Indianerstämmen konfisziert hatte, weil diese die Konföderierten im Bürgerkrieg unterstützt hatten. Waren zunächst Vieh und Landwirtschaft die wirtschaftlichen Säulen des Ortes, der 1910 zur Hauptstadt des Bundesstaates wurde, so änderte sich dies, nachdem innerhalb der Stadtgrenzen Ölvorkommen entdeckt wurden. Ölpumpen gehören heute zum Stadtbild. Selbst

„66 Bowl", Oklahoma
Das Schild ist schon älter. Doch Bowling ist in Amerika heute sicherlich
noch so populär, wie die „Route 66" es einmal war.

unter Gebäuden liegende Vorkommen werden abgebaut.

Doch der Reichtum des Öls hatte den vielen Farmern nicht helfen können, die in den 30er Jahren ihre kleinen Besitztümer verloren. In jener Zeit, als riesige Staubstürme die Sonne verdunkeln und alles in Rot tauchen, fallen die Ernten schlecht aus. Familien müssen sich verschulden, um zu überleben und schließlich ihr Land verkaufen. Große Firmen übernehmen es. Sie setzen auf neue Techniken in der Landwirtschaft und für viele Landarbeiter gibt es keine Arbeit mehr. Da kommen die Nachrichten von Reichtum und Arbeit in Kalifornien gerade recht. Hunderttausende machen sich auf den Weg nach Westen ins gelobte Land. Ihre Straße ist die „Route 66". John Steinbeck schreibt die Geschichte dieser Leute auf, und 1939 erscheint sein Buch „Früchte des Zorns". Es ist heftig umstritten, doch bekommt er 1940 dafür den Pulitzer-Preis und begründet seinen literarischen Ruhm. Aufgrund der ausführlichen Recher-

chen Steinbecks dient es später sogar als Basis für soziologische Untersuchungen und als Vorlage für den gleichnamigen Film.

Auch ich habe das Buch gelesen und war fasziniert vom Weg der Familie um Tom Joad nach Westen. In einem alten Hudson Super Six, dessen Oberteil sie mit einem Meißel abgeschlagen hatten, machte sich das gute Dutzend Leute mit nur 150 Dollar in der Tasche auf den weiten Weg von Oklahoma nach Kalifornien. Sie fuhren über die „66" ihrem Traum von einem besseren Leben entgegen. Und sie waren nicht allein auf dieser Straße, die Steinbeck die „Mutterstraße" nennt. Von überall kamen Leute mit ihrer gesamten Habe und ihren Träumen auf diese Hauptwanderstraße nach Westen. Sie hatten nichts mehr dort, woher sie kamen. Was ihnen blieb, war der Traum von dem, wohin sie gingen und die Straße, auf der sie fuhren. Es war die Zeit, als die „66" jeden Tag aufs neue die Straße eines Volkes auf der Flucht war.

Ich liege in meinem Motelzimmer mit Aircondition und TV und denke an den nächsten Tag. Ich bin nicht auf der Flucht, sondern auf der Suche. Auf der Suche nach der ehemaligen Mutterstraße, der freien Straße, dem Will Rogers Highway, der „Route 66".

Doch diese Suche ist nicht immer erfolgreich. Wenn ich auch am nächsten Morgen die Stadt auf der „66" verlassen kann, so endet sie doch später bei Bridgeport, einem kleinen Dorf am South Canadian River. Dort wird sie von dem Interstate 40 aufgesogen. Und mir bleibt nichts als diese riesige Schnellstraße durch das weite Land Oklahomas. Die Städte werden zu Namen auf den Ausfahrtschildern. Weatherford, Clinton und Elk City fliegen vorbei. Trucks ziehen unbeirrbar mit konstant überhöhter Geschwindigkeit ihre Bahnen. Sie brauchen diese Straßen, auf denen der Fuß nur hin und wieder für einen Tankstop vom Gas genommen werden muß. Time is money. Bald habe ich die Staatsgrenze von Texas erreicht.

On the Road
Der Stolz Amerikaner zu sein ist ein Gefühl, daß die große Nation eint und natürlich auch überall an der „Route 66" anzutreffen ist.

TEXAS

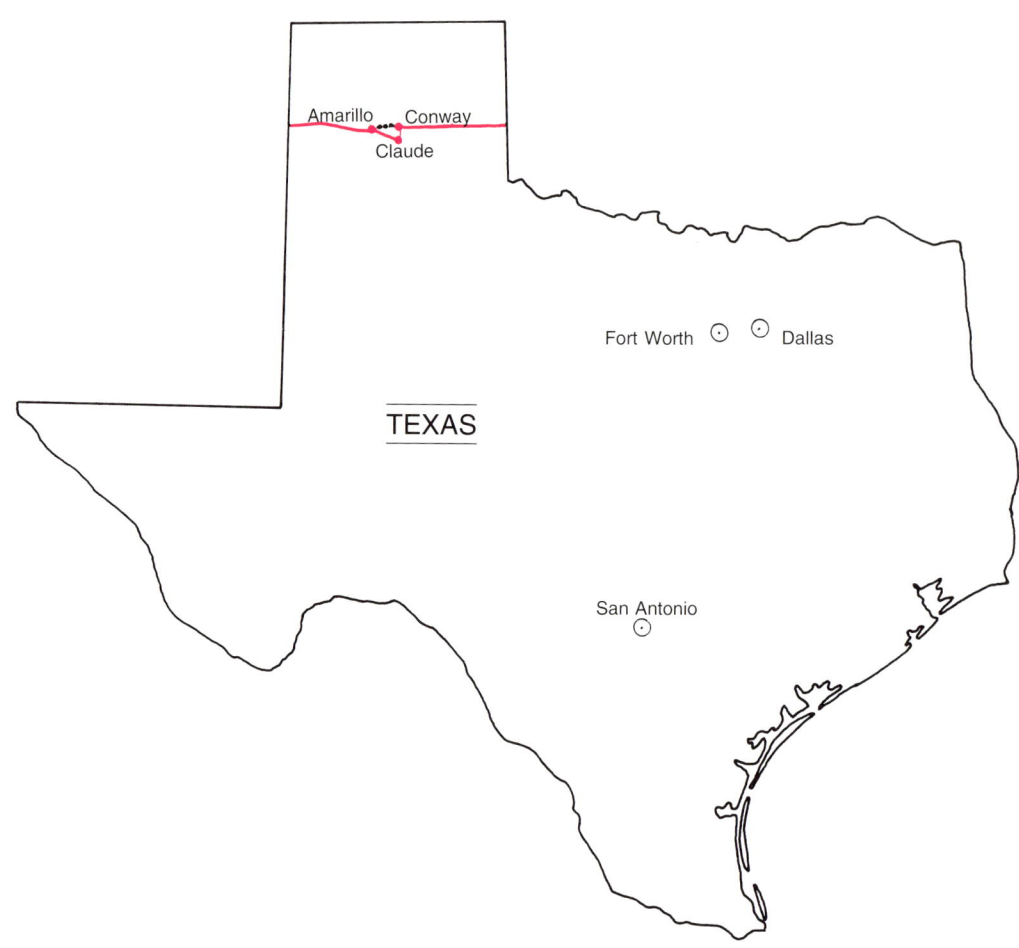

Claude, Texas
Wellblech, Telegrafenmasten und weites, flaches Land bestimmen oft das
Bild im Norden von Texas, dem sogenannten „Pfannenstiel".

Hier im nördlichen Teil des Pfannenstiels ändert sich nicht viel. Schnurgerade zieht der Interstate 40 seine Bahn. Relikte der alten Straße lassen sich nur abseits dieser Straße, in den kleinen Ortschaften finden. In Shamrock steht seit 1936 diese Tankstelle im Art Deco-Stil mit einer Säule mittendrin, als hätte jemand einen Nagel hineingerammt. Ansonsten nur flaches Land und der Interstate 40 wie ein Lineal darüber, mit meilenfressenden Trucks in der trockenen Endlosigkeit. J. D. Rittenhouse warnte 1946

vor Vieh auf der Straße. Es durchbrach oft die morschen Zäune und lief insbesondere während der frühen Dunkelheit gerne über den von der Tageshitze aufgewärmten Asphalt. Heute bieten feste Zäune mehr Sicherheit. Ich fahre sicher und bequem, etwas langsamer als die großen Trucks. Sie wissen, wann Radarkontrollen kommen. CB-Funk und Radarwarner machen's möglich. Der alte Chevrolet liegt gut auf der breiten, geraden Straße und läuft problemlos. Nur meine ständige Begleiterin, die „Santa Fe

Railroad" hat sich zeitweise verabschiedet. Dann, bei Conway verläßt mein Weg den Interstate 40. Der kleine Highway 207 führt nach Claude im Süden. Erst 1934 wurde die direkte Verbindung nach Amarillo, die heutige I-40, fertiggestellt. Auf meinem Weg nach Claude finde ich keine Spuren der alten „66", nur endlose Felder. In Claude treffe ich dann wieder auf die „Santa Fe Railroad" und weiß, ich bin auf dem richtigen Weg. Sie begleitet mich nun zur größten Stadt im texanischen Pfannenstiel.

Die Einfahrt nach Amarillo ist noch immer mit einer endlosen Reihe von Motels gepflastert. Ihre Namen sind typisch. „Cowboy Motel", „Wagon Wheel Motel" oder „Cactus Motel". Alle zeigen deutlich, daß die Zeit nicht spurlos an ihnen vorüberging. Die Farben ihres Anstrichs wirken blaß, gebleicht unter der texanischen Sonne. Doch noch halten sie durch. Signalisieren mit „Vacancy" dem Reisenden eine Unterkunft. Ich fahre Richtung Innenstadt und nehme mir irgendwo im Straßengewirr ein preiswertes Motel in dieser Stadt mit einem der größten Heliumvorkommen der Welt. Es ist Samstagnachmittag und genau die richtige Zeit, mir noch eben eine neue Jeans für den Abend zu kaufen. Eine Levi's 501 muß es sein. Ein angemesseneres Kleidungsstück für meine Suche nach einer amerikanischen Legende fällt mir nicht ein. Schließlich ist diese Hose des 1848 nach Amerika emigrierten Bayern Levi Strauss selbst eine Legende. Seit er 1850 für Minenarbeiter und Goldgräber die ersten Jeans fertigen ließ und dafür die Produktnummer 501 erhielt, begann der Siegeszug dieses Klei-

dungsstücks. Zuerst im Westen Amerikas, dann in aller Welt. Über 40 Millionen Stück wurden bislang allein von der Ur-Jeans 501 mit ihrer Knopfleiste verkauft. Goldgräber, Cowboys, Farmer trugen sie wegen ihrer Zweckmäßigkeit. James Dean und Marlon Brando machten sie zum Symbol einer Generation. Und ich trage sie nun auch, als einer von Millionen. Ein Kleidungsstück auf meinem Weg über die „66", wie schon bei hunderttausenden vor mir. Doch bevor meine Beine sich in dem steifen, dunkelblauen Stoff wohlfühlen, ist ein Besuch im Waschsalon Pflicht, damit die viel zu große Hose einlaufen kann. Ein weiteres Relikt vergangener Zeiten, heute werbewirksam vermarktet. Doch als es schließlich Abend wird und Entspannung am Hotelpool angesagt ist, paßt sie schließlich. Ich liege da und schaue in den dunkelblauen Himmel. Nur eine kleine Mauer trennt mich vom ständig brummenden Verkehr der Hauptstraße. Als die Luft kühler wird, nimmt er etwas ab. Schließlich ist es Samstagabend und Zeit auszugehen.

Mein Weg führt mich in eine Country & We-

stern Bar. Ganz im Stile alter Saloons ist sie Treffpunkt für alle Arten von Wildwestfans und Asphaltcowboys. Bei Squaredance und reichlich Bier lebt der alte Westen – oder was man dafür hält – hier auf. Touristen üben den Tanzschritt, während ein eingeschworener Texas-Fan seine Freundin gegen fremde Blicke mit starken Worten verteidigt. Muy macho ist angesagt. Der bärtige Autohändler neben mir schnippt einen Quarter in den riesigen Ausschnitt seiner Nachbarin. Dann versucht er, ihn wieder herauszuholen. Prompt kommt die Antwort in Form einer saftigen Ohrfeige, bevor seine Thekennachbarin wortlos aufsteht und geht. Nach diesem Mißerfolg wendet er sich mir zu.

John, so heißt er, bestellt mir ein Bier und erklärt seine Masche. Als Autohändler sei er viel unterwegs, meist nur eine Nacht in der Stadt. Da müsse man schon schnell auf den Punkt kommen. Und was seien schon neun Ohrfeigen, wenn er beim zehnten Mal seinen verlorenen Quarter wieder herausfischen könne und so die Basis für eine kurzlebige Nacht schaf-

Amarillo, Texas
Sie wirken ausgeblichen, tragen Namen wie im wilden Westen und wirken
irgendwie gleich – die kleinen Motels im Osten der Stadt.

fe. Doch dann kommen wir auf das Thema Autos. V8-Talk zwischen Bier und Zigaretten.

John liebt amerikanische Wagen, vor allem seinen Chevrolet Corvette. Stolz erzählt er, in seinem Geburtsjahr 1953, sei auch die Corvette erstmals der Öffentlichkeit vorgestellt worden. Die „Vette", wie er sie liebevoll nennt, habe damals ganz schön Furore gemacht. Eine Fiberglaskarosse mit außergewöhnlichem Design und immerhin 150 PS unter der Haube. Lieferbar nur als Roadster für 3.500 Dollar.

Fast 4.000 Stück wurden direkt im ersten Jahr gebaut. Doch der kleine V6-Motor sei noch etwas schwach gewesen, meint John. Aber das habe auch Chevrolet eingesehen und schon ein paar Jahre später nur noch V8-Motoren eingebaut. Er selbst besitze die stärkste serienmäßige Version von 1970. 7,4 l Hubraum. Die Zahl kommt voller Stolz über seine Lippen. Die genaue PS-Zahl? Nein, die wisse er leider nicht, aber über 450 sind es bestimmt. Außerdem, was sind schon ein paar Pferdestärken mehr oder

weniger bei dem Überangebot. Er habe einfach nur einen Roadster mit reichlich Power haben wollen. Und da die weiblichen Rundungen der Corvette immer schon einen ganz besonderen Reiz auf ihn ausgeübt hätten, stand die Entscheidung fest. Er brauchte eine „Vette", die vor 1975 gebaut worden war, denn seit diesem Jahr wurden keine Cabrios mehr produziert. Doch nun hat er sein „kleines Spielzeug", wie er sein Traumauto nennt und ist seitdem total vernarrt in diesen Wagen.

Amarillo, Texas
Diese abendliche Szene gleicht der in anderen Städten: Restaurants, Motels und Fahrzeuge

unter künstlichem Licht in milder Sommerluft.

Irgendwann gegen 02.00 Uhr am Morgen wird das letzte Bier serviert. Ich bin mindestens so betrunken, wie John stolz auf sein Auto ist. Den Kopf voller Hubraumzahlen und Tuningmöglichkeiten geht's zurück ins Motel.

Der folgende Sonntagmorgen sieht mich erst spät. Die Straßen sind ruhig und leer. Ich kaufe mir zwei Donuts und einen Kaffee. Die dicke Sonntagszeitung ist voller Werbung, Comics und Sport. Ein paar weiße Wolken treiben einsam am blauen Himmel, als mein alter Chevy gemächlich durch die Innenstadt rollt. Zwischen den hohen Spiegelbauten stehen Schilder am Straßenrand „Historic Route 66". Der Straßenbelag ist teilweise noch aus altem, roten Stein. Ich folge der Beschilderung nach Westen – Richtung Ortsausgang. Die Häuser werden kleiner und die Gehwege dreckiger. Antiquitätengeschäfte bieten am Straßenrand alles an, was ein normaler Haushalt nicht mehr braucht. Vom Kühlschrank über schmutzige Badewannen bis hin zum alten Pferdewagen. Alles wartet auf Käufer. Ein paar Blocks weiter kommen die Gebrauchtwagenhändler,

dann ein verlassenes Motel. Unter jedem Zimmer ist eine Garage. Zwei Wagen stehen noch da. Vermutlich seit Jahren. Platte Reifen und eine dicke Staubschicht sind die besten Anzeichen. Selbst hier, am Rande der Großstadt sterben die Geschäfte an der alten „Route 66". Kurz vor dem Ortsausgang kreuzt die „Santa Fe Railroad" meinen Weg. Dann kommt das Ortsschild „Amarillo". Ich entdecke Einschußlöcher in dem kleinen, grünen Zeichen und finde, irgendwie paßt dies zu der toten Stimmung des Sonntagmorgens. Einige Meilen weiter fühle ich mich durch ein anderes verlassenes Motel bestätigt. Es liegt einsam an der Straße und ist samt Tankstelle zu verkaufen. Die Fassade wirkt brüchig und verwittert. Muffige Vorhänge bewegen sich hinter den offenen Fenstern leicht im Wind. Eine bleiche Zigarettenreklame wirbt vergebens. „Fragen Sie nach dem Eigentum #33" steht auf dem Schild des Maklers. Doch wer sollte #33 kaufen oder mieten? Die Chancen stehen schlecht, hier an der alten „66".

Weiter westlich führt der Weg wieder zur heutigen Lebensader, dem

großen Interstate 40. Die Sonne steht mittlerweile hoch am Himmel und ich stelle das Radio an. Eine riesige Auswahl an Sendern. Jack D. Rittenhouse konnte hier 1946 nur zwischen zwei großen Stationen wählen, während es heute für jede Musikrichtung mehr als eine gibt. Ich drehe über Countrymusik, Jazz, Klassik und Funk, bis endlich guter alter Rock 'n' Roll aus dem Lautsprecher dröhnt.

Das Land ist immer noch flach und weit. Ich schaue nach links und stutze. In einem großen freien Feld stecken plötzlich 10 alte Straßenkreuzer kopfüber im Boden. Schön aufgereiht, in gleichem Winkel und Abstand stecken sie da und zeigen ein paar hundert Meter neben dem Interstate mit den Hecks in den Himmel. Ein Blick auf den Road-Atlas sagt mir, hier ist die „Cadillac Ranch". Ich parke am Straßenrand, wo schon andere stehen. Dann geht's zu Fuß über den Acker. An dem seltsamen Denkmal angekommen, bin ich nicht der einzige, der dieses Werk bestaunt. Vor uns im Feld stehen 10 ehemalige Edelkarossen der Marke Cadillac. Die Besucher staunen, drehen

Amarillo, Texas
Die Antiquitätenhändler im Osten der Stadt verkaufen alles, von wirklich selten und schönen Stücken bis hin zu echtem Schrott.

On the Road
Chevrolet baut mit seiner Corvette nun seit mehr als dreißig Jahren den wohl legendärsten amerikanischen Sportwagen.

an den alten Pneus, klopfen auf das rotlackierte Blech oder lesen die Sprüche auf den rostigen Dächern. Irgendwann kommt Jim, ein schwarzer Armeeangehöriger, mit seiner Freundin. Er ist oft an diesem Ort, kennt sich aus und gibt Antworten auf die vielen Fragen.

Die Geschichte des eigenartigen Ortes geht zurück in das Jahr 1974. Die Energiekrise hatte gerade begonnen, und hubraumstarke Wagen waren in Ungnade gefallen. Eine Künstlergruppe aus San Francisco namens „Ant Farm" überlegte derweil, wie sie ihrer eigenen Jugendzeit, den 50er Jahren ein Denkmal setzen konnte. Einer von ihnen fuhr einen 56er Cadillac und war ganz vernarrt in die Heckflossen. So war ein Objekt gefunden. Cadillac, dieser Name stand in den 50er Jahren für mehr als ein Auto. Symbolhaft drückten die Schlachtschiffe dieser Ära mit ihren Heckflossen und riesigem Volumen mehr aus: den Glauben an das Beste, Größte und Teuerste. Mit der Idee für eine gigantische Cadillac Skulptur traten die Künstler dann an den in Amarillo wohnhaften und reichen Texaner

Stanley March III heran. Nach kurzer Überlegung sagte er seine Unterstützung zu und stellte den Platz auf seinem Feld zur Verfügung. Über Zeitungsanzeigen, auf Hinterhöfen und bei Gebrauchtwagenhändlern kaufte „Ant Farm" innerhalb von zwei Wochen nun die 10 Relikte des unbeirrbaren Fortschrittsglaubens für insgesamt nur etwa 4.000 US-Dollar. Die meisten davon waren für ein paar hundert Dollar zu haben, obwohl es sich um fahrtüchtige Wagen der Jahre 1949 bis 1964 handelte. Bevor diese Dinosaurier der Autoindustrie dann kopfüber im gleichen Winkel in den Feldboden gemauert wurden und so ihre legendären Heckflossen der aufgehenden Sonne entgegenstreckten, schweißte man noch die Radkappen und Türen fest. Ansonsten blieb alles unverändert. Unter dem Namen „Cadillac Ranch" ging das 2 Meter breite und 40 Meter lange Werk dann durch die Weltpresse und in die Geschichte ein. Stanley March III wurde als Besitzer des weiterhin farmmäßig genutzten Feldes oft nach dem Sinn gefragt. Seine Erklärungen fielen unterschiedlich aus. Die 10

Cadillacs seien für einen Evel Knievel Stunt, gab er ebenso selbstverständlich von sich wie, es handele sich um den Hintergrund eines VW-Werbefilmes oder den Friedhof für General-Motors-Designer. Genauso flexibel wie in seinen Statements war der reiche Texaner allerdings auch später, als das Kunstwerk unter den vielen Besuchern litt. Wurden zuerst nur die Scheiben zerstört, um Radios und Lenkräder auszubauen, so fanden sich bald auch Liebhaber für schwerere Teile. Doch selbst die größte Veränderung, 10 Jahre nach Fertigstellung, ließ den reichen Texaner gelassen reagieren. Unbekannte hatten alle Wagen über Nacht vollkommen rot lackiert. Stanley March III schlug daraufhin vor, die Sphinx und die Freiheitsstatue ebenfalls rot zu streichen. Dann wären die drei, in seinen Augen größten Skulpturen der Welt in einer Farbe und gut für eine schöne Weihnachtskarte.

Auf mich wirken die Cadillacs mit Graffiti, Sprüchen und etlichen Einschußlöchern allerdings eher wie ein mexikanischer Schrottplatz. Dennoch bin ich fasziniert von diesen alten

60

Amarillo, Texas
Aufgegebene Motels sind keine Seltenheit. Manchmal steht der Fernseher
noch auf dem Zimmer und ein Auto in der Garage.

Wagen auf dem freien Feld. Was werden wohl später einmal die Historiker dazu sagen? Werden sie es für eine Kultstätte oder für Kunst halten? Als ich schließlich gehe, ist mir letztendlich nur eines klar: 3 Meilen westlich von Amarillo stecken 10 Cadillacs kopfüber im Feld. Sie stecken da und verrosten an dem neuen Interstate Highway 40, der ehemaligen Route „66". Doch mir fällt ein, als im August 1938 Autos zur selben Zeit in Los Angeles und Chicago starteten, um die Straße als Will Rogers Memorial Highway zu feiern, da trafen sie sich auf der Mitte der legendären Route – in Amarillo, Texas. Ich empfinde die Zusammenhänge als durchaus stimmig, während der Wind kühl durchs offene Wagenfenster bläst. Zufrieden rolle ich mit einer Reisegeschwindigkeit von sechzig Meilen pro Stunde wieder in Richtung Westen, mittlerweile der untergehenden Sonne entgegen. Ich bin nun dort, wo der eigentliche „Wilde Westen" beginnt.

Vor mir liegt das flache, weite Land der alten „Staked Plains" oder „Llano Estacado", wie die große Zahl der spanisch Sprechenden hier sagt. Abgesteckte Ebenen. Die ersten Siedler markierten sich hier ihren Weg mit Stöcken in der endlosen Weite, da natürliche Orientierungshilfen wie Felsen oder auch Bäume einfach nicht in ausreichendem Maße vorhanden waren. Ich hingegen folge einfach dem breiten Interstate und komme schon bald an die Grenze zu New Mexico.

Cadillac Ranch

marillo, Texas

NEW MEXICO

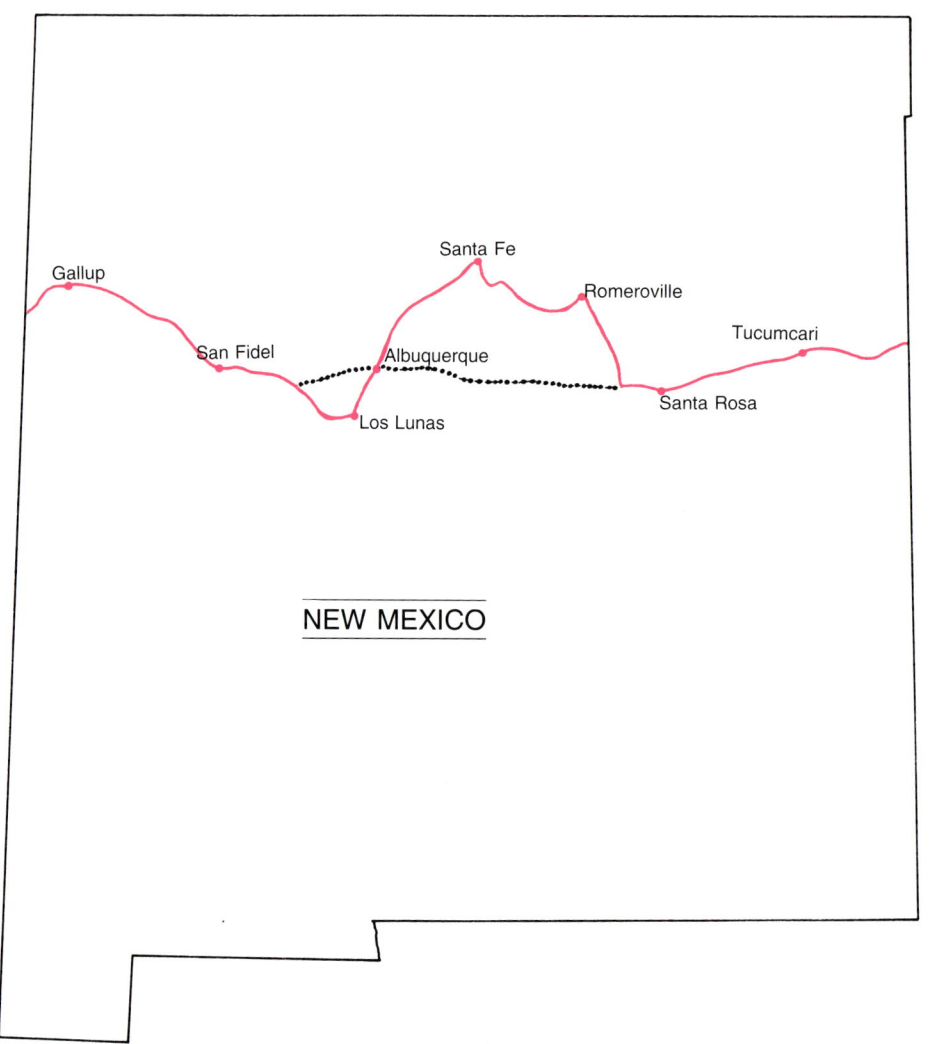

NEW MEXICO

66

East of Tucumcari, New Mexico
Der Sender KTNM sendet seit mehr als 50 Jahren in Tucumcari, und auf
dem Werbeschild am Interstate 40 steht noch die „US 66".

Eine Tafel am Rande des Interstate begrüßt mich im „Land der Bezauberung". Nun bin ich auf dem ehemaligen Gebiet von Billy the Kid. In Büchern habe ich über ihn gelesen. Im Kino sah ich seine Geschichte. Jedesmal eine andere Story über die selbe Person. Er war mit Sicherheit einer der bekanntesten amerikanischen Gesetzlosen. Aber er war auch jemand, dessen Leben mehr von Legenden und Phantasie als von der Realität umrankt wird. Und wenn auch sein Geburtsort letztendlich unbekannt

ist, so trieb Henry McCarty, wie Billy mit bürgerlichem Namen hieß, hier im östlichen New Mexico zumindest sein Unwesen. Darüber hinaus ist eigentlich nicht sehr viel seines Lebens faktisch belegt. Daß er allerdings schon zu Lebzeiten eine Legende wurde, steht fest. Viel mehr ist nicht verbürgt. Selbst sein richtiger Name wird oft anders genannt. So heißt er in manchen Erzählungen William Bonney und soll in New York geboren sein. Daß er nicht dumm gewesen sein dürfte und fließend spa-

nisch sprach, ist fast alles, was über sein Leben bewiesen werden kann. Doch diese beiden Sachen halfen ihm letztendlich nicht, als sein Gegenspieler Pat Garret ihn 1880 erschoß. 21 Jahre soll er zu diesem Zeitpunkt alt gewesen sein und einen Toten für jedes Lebensjahr auf seinem Konto gehabt haben. Doch Wahrheit und Fiktion lassen sich bereits kaum noch trennen, als schon einen Monat nach seinem Tod das erste Groschenheft über ihn erscheint und seinen Ruhm ausbaut. Wie oft seine Geschichte

„Blue Swallow Motel", Tucumcari, New Mexico
Ein Ort, der mehr ist als nur ein Motel am Straßenrand. Die blaue Neon-Schwalbe von Lillia

Redman steht für ein zweites Zuhause.

seitdem immer wieder erzählt, aufgeschrieben und verfilmt wurde, weiß wohl niemand. Aber vielleicht war es ja gerade das Unwissen über sein Leben, das ihn zu einem der ersten Medienhelden Amerikas machte.

Am Rande des Highways taucht jetzt ein großes rotes Schild auf. „TUCUMCARI – NEXT 5 EXITS" Es zeigt die „U.S. 66" als Geschäftsabzweig des Interstate 40. Darunter die Werbung für KTNM – AM 1400, eine Radiostation die schon J. D. Rittenhouse aufschrieb. Grund für mich, die große Schnellstraße zu verlassen. Der Abzweig führt staubig und unbefestigt in den Ort. Rote Baustellentonnen weisen mir im faden Scheinwerferlicht den Weg. Ein leichter Regen hat eingesetzt, als ich die blaue Neon-Schwalbe des „Blue Swallow Motel" entdecke. Der angeschlagene Preis ist günstig und schon in meinem kleinen Guide Book von 1946 ist das Motel erwähnt.

Ich halte an und gehe zur Anmeldung. Eine grauhaarige Frau kommt im Rollstuhl aus dem Hinterzimmer. Hinter der hohen Theke erhebt sie sich mühsam.

Ja, einige der 14 Zimmer seien noch frei. Jedes mit Garage unmittelbar daneben, so sagt sie freundlich und erkundigt sich gleichzeitig, ob ich einen angenehmen Tag gehabt hätte. Ich erzähle ihr von meiner Suche nach der alten Straße und wir kommen ins Gespräch. Aufmerksam höre ich die Geschichte der freundlichen, alten Dame. 1909 wurde sie in Texas geboren und kam 6jährig nach New Mexico. Als Köchin und Bedienung zog sie später durch den gesamten Südwesten, bis sie heiratete. Ihr Ehemann war es dann, der ihr zum „Blue Swallow Motel" verhalf und sie in Tucumcari seßhaft werden ließ. Das war 1958. Seitdem hängt ihr Herz an dem schönen, kleinen Motel. Doch mittlerweile ist der Mann tot. Die alleinstehende Frau hat Schwierigkeiten mit den Augen und auch die Beine wollen nicht mehr so richtig. Früher, als sie noch besser laufen konnte, so erzählt sie, da habe es für die Reisenden in ihrem Motel keine anonymen Weckanrufe gegeben. Jeder sei von ihr persönlich mit einem Klopfen an der Tür und einem „Good Mor-

ning!" geweckt worden. Ich höre den Stolz in ihrer Stimme, sehe das gepflegte Motel. Rosa und hellblau sind Wände und Türen. Über den großen Holztoren der Garagen leuchten kleine blaue Neonschwalben in die Nacht. Alles seit Jahrzehnten gehegt und gepflegt. Es wirkt individuell, mit Liebe hergerichtet. Nichts von der anonymen Namenlosigkeit der großen Hotelketten. Das kleine Motel ist mit Recht ein Grund stolz zu sein für die Besitzerin, die mir Artikel aus den verschiedensten Zeitschriften zeigt, worin ihr „Blue Swallow Motel" abgebildet ist. Mit ernstem Gesicht fährt sie dann fort und schildert mir eindrucksvoll ihre ganz besondere Geschäftseinstellung. Ein Hotel sei mehr als nur eine kurzfristige Herberge. Eine menschliche Einrichtung, um Leuten zu dienen. Dabei dürfe das Geld nicht im Vordergrund stehen. Ein zweites Zuhause solle das Motelzimmer sein, in dem der Reisende sich sicher, geborgen und wohl fühlt. Deshalb versuche sie auch die Preise niedrig zu lassen, und alle Gäste würden so gut wie möglich betreut. Jeder einzelne

„Blue Swallow Motel", Tucumcari, New Mexico
Die alte Coca-Cola-Werbung an der Eingangstür ist noch nicht verwittert,
denn noch kommen genügend Gäste in Lillan Redmans Motel.

Gast sei schließlich anders. Manche kehrten nur einmal auf ihrer Urlaubsreise ein, während andere als Stammkunden mehrmals im Jahr vorbeischauen. Doch sie alle sollen sich wohlfühlen. Um diesem Wunsch Nachdruck zu verleihen, erhält jeder, der hier nächtigt und nun auch ich, eine kleine, mit blauer Schrift ordentlich gedruckte Karte. Es sind Grüße an den Reisenden. Freundlich wünschen die Worte mehr als nur einen angenehmen Aufenthalt. Persönliche Zufriedenheit, Glück auf dem weiteren Weg und eine gesunde Rückkehr zu den Daheimgebliebenen. Unterzeichnet ist der Gruß mit: Lillian Redman – Blue Swallow Motel – Tucumcari, New Mexico. Es ist die freundliche, alte Dame, die mir gegenübersteht. „Dies ist ein Platz der Freundschaft.", sagt sie zum Abschluß und fügt noch hinzu: „Denn schließlich sind wir alle Reisende. Von der Geburt bis zum Tod reisen wir zwischen den Ewigkeiten." Als die Türe hinter mir ins Schloß fällt, glaube ich, Lilian ist wohl eine der letzten im Hotelgewerbe, die in Gedanken noch mit jedem Reisenden ein klei-

nes Stück seines Weges fährt. Sie paßt zu dieser Straße.

Der nächste Morgen beginnt direkt eine Stunde später. Ich hatte die Zeitzone an der Grenze New Mexicos vergessen. Statt der ehemaligen „Central Time Zone" bin ich nun im Bereich der „Mountain Time". Aber die verlorenen 60 Minuten stören mich nicht. Gemütlich schlendere ich durch die staubigen Straßen Tucumcaris. Sehe verblichene Farben auf großen Holztafeln, die sich mehr und mehr vom Untergrund lösen. Werbeschilder der Vergessenheit. Im Antiquitätenladen verkaufen sie Indianerschmuck neben Bierreklamen, Comics, Schallplatten und Puppen. Zwei Dollar für eine alte Coca Cola Flasche und ein Schwätzchen gratis. Das „Apache Motel" ist vom Automobilklub empfohlen. Es wirbt mit „AMERICAN OWNED" und zusätzlichem Fernsehprogramm. Spielfilme für die abendliche Entspannung, denn ansonsten tut sich hier nicht viel und über die normale Antenne gibt es hier für die Durchreisenden zu viele Programme in spanischer Sprache. Um die Ecke parkt ein alter Tankwagen in mittler-

weile blassem Rot. Verwitterte Schriftzeichen prangen auf seinem Heck: „Philipps 66". Bevor ich dann am Ortsausgang an einer neuen Tankstelle dieser Marke den Durst meines benzinfressenden Monstrums stille, werfe ich noch einen Blick zurück auf das „Blue Swallow Motel". Heute abend wird Lilian wieder die blauen Neon-Schwalben leuchten lassen. Einige der Durchreisenden werden anhalten und für kurze Zeit hier gern gesehener Gast sein.

Minuten später schaltet der Kilometerzähler wieder zügig. Die Meilen fliegen vorbei. Der Interstate Highway 40-West hat mich wieder. Ich fahre durch flaches Land. Nur ab und zu eine kleine Ortschaft. Kaum noch Radiosender. 1923, so habe ich gelesen, fuhren pro Tag durchschnittlich 93 Autos, Trucks oder Gespanne zwischen Tucumcari und dem 50 Meilen westlich gelegenen Santa Rosa. Heute sind es täglich tausende, die hier über den Asphalt rollen. Nur noch eine knappe Stunde Autofahrt trennt die beiden Orte. Entfernungen sind mit zunehmender Geschwindigkeit geschrumpft. Und nicht die

Tucumcari, New Mexico
Das Leben in dieser Stadt scheint wie so manche Werbung an der einstigen
Hauptstraße: ausgebleicht, verwittert und aufgegeben.

Tucumcari, New Mexico
Der Schriftzug auf dem alten Truck dürfte seine besten Zeiten vor Jahrzehn-
ten gemeinsam mit der „Hauptstraße Amerikas" erlebt haben.

73

räumliche Distanz ist der Maßstab, sondern die verbrauchte Zeit auf dem Weg zwischen zwei Orten. Doch, so scheint es mir, während ich mir eine Zigarette anzünde, auch wenn wir uns immer schneller fortbewegen, wenden wir doch immer mehr Zeit für diese Tätigkeit auf. Bringen die gewonnenen Sekunden, Minuten und Stunden wieder ins Spiel, um sie erneut zu verlieren.

Dann reißt mich ein dicker, lachender Mann aus den Gedanken. Neben einem übergroßen Highwayzeichen mit der magischen „66" grinst er vergnüglich in den Himmel. Das „Club Cafe", so steht es auf der Werbetafel, bietet seit 1935 exzellentes Essen. Wenige Minuten später rolle ich dort auf den Parkplatz. Ein weiteres Konterfei des dicken Herren mit Doppelkinn, blauem Anzug und gepunkteter Krawatte zeigt mir den Eingang. Riesig und rund hängt es darüber. Eine Werbung vergangener Jahre. Doch, so erfahre ich später, Ron Chavez, der heutige Besitzer des „Club Cafe" mag den lachenden Mann. Der Kerl grinst so verdammt zufrieden, daß er die beste Werbung für gutes Essen ist.

So meint jedenfalls Ron, der stolz darauf ist, seinen Gästen noch „richtiges Essen" zu servieren. Ganz wie früher, als Tiefkühlkost und Mikrowellenherde noch nicht die Küchen erobert hatten. Für viele Kunden ist das Restaurant eine Institution. Sie aßen hier als Kinder und finden ihren alten Platz bis heute kaum verändert vor. Ron, der ein Jahr nach der Eröffnung des Clubs geboren wurde, kennen sie schon lange. Er putzte früher ihre Schuhe vor dem Restaurant, in dem er dann als Koch arbeitete, bis er es 1973 schließlich übernahm. Ron wuchs mit der „Route 66" auf und hält die Tradition dieser Straße auch heute noch hoch. Aber immer weniger Kunden folgen dem zufriedenen Lachen des dicken Mannes.

Fast alle wollen auf ihren Reisen nur einen kurzen Stop. Schnellen Service für Magen und Maschine in Sichtweite des Interstate. Am besten beides an einem Ort. Tanken und Essen zügig, ohne unnötigen Zeitverlust. Insbesondere die Trucker haben keine Zeit zu verlieren. Ihr Mack, Kenworth, Peterbilt, White, International, Ford oder GMC muß rollen. Sie sind ein

gutes Geschäft. Schnelles Geld mit eiligen Kunden. Bei 38 Tonnen Chrom, Stahl und Ladung kostet jede Minute Stillstand mehr Geld als Zeit. Der Wert einer Stunde wird in harten Dollars gerechnet. Die meisten Trucks, die bei Santa Rosa einen Service brauchen, verlassen den Interstate an der Ausfahrt 277. Ich folge ihnen.

In der heißen Sonne liegt einer der „Truckstops of America". Er gehört einer großen Kette an, die an über 30 Orten der USA landesweit rund um die Uhr alles Notwendige bietet. Eine einfache Tankstelle mit Kaffeeausschank kann da nicht mehr mithalten. Kleine Familienunternehmen haben an den großen Highways kaum noch eine Chance. Hundert und mehr Beschäftigte braucht ein Betrieb, der durchschnittlich jede Minute einen Truck abfertigt. Riesige Vorratstanks fassen mehrere hunderttausend Liter Diesel und müssen alle paar Tage aufgefüllt werden. Abschleppwagen sind ständig bereit. Mechaniker arbeiten fieberhaft, suchen Fehler und reparieren. Währenddessen gibt's für die wartenden

„Club Cafe", West of Santa Rosa, New Mexico
Immer weniger Kunden folgen dem zufriedenen Lachen des dicken Mannes
in das „Club Cafe", einer Institution seit Generationen.

Trucker andere Sachen zu tun. Das Essen im angegliederten Restaurant wird zur schnellen Nebensache. Fernfahrer gehen hier vor und werden zuerst bedient. Doch die modernen Truck-Stops bieten noch mehr. Daten- und Geldübermittlung. Frachtvermittlung über Monitor und Telefon. Ruheräume und Fernsehzimmer mit Video auf Großleinwand. Ein Motel ist meist gleich nebenan. Ebenso wie Shops für die alltäglichen Dinge vom CB-Funkgerät über Kleidung bis hin zu Schmuck. Wem in der Wäscherei dann noch Zeit bleibt, der kann für 25 Cents beim Videopoker mit einer zweidimensionalen Stripperin die Hüllen fallen lassen.

Amerikas Trucker brauchen heute Truck-Stops, die mehr sind als einfache Tankstellen und die großen Konzerne haben sich darauf eingestellt. Sie bieten Trucker-Cities. Kleine Städte, in denen die Bevölkerung mit jedem ankommenden Truck wechselt. Eingestellt auf alle Grundbedürfnisse am Rande der großen Highways. Das Leben hier ist wie eines der großen 450-PS-Monster, die über 100.000 Dollar kosten. Es darf nicht stillstehen. Denn Stillstand kostet Geld.

So lohnen sich die großen Truck-Stops nur an Hauptverkehrsverbindungen. Nur dort wo viele Trucks rollen, ist viel Geld zu verdienen. Auf der alten „Route 66" aber sind die Cowboys der Landstraße selten geworden. Die Interstate Highways haben die ehemalige Lebensader ersetzt. Sie sind schneller und besser. Und in Amerika, wo der Frachtverkehr kaum über Schienen, sondern

Truck Stops of America, Santa Rosa, New Mexico
Sie heißen Kenworth, Mack, Peterbilt, White, International, Ford oder GMC und versorgen di

...merikanische Nation – die Trucks.

überwiegend auf der Straße läuft, da bestimmt der Weg der Trucks auf den langen Strecken, wo die Geschäfte gut gehen.

Am Truck-Stop in Santa Rosa jedenfalls gehen die Geschäfte gut. Ich sitze im Restaurant und trinke Kaffee. Er ist lauwarm, wie das Lächeln der Bedienung. Der Hamburger schmeckt fade und das leise Surren der Klimaanlage erinnert an die Hitze draußen. Dort werden die großen Trucks aufgetankt. 900 Liter Diesel im Gestank von heißen Asphalt. Dafür gibt's eine Dusche gratis, wenn die Zeit reicht. Hier drinnen sitzen sie nebeneinander, während vor der Tür ihr Truck wartet. Die meisten von ihnen sind angestellt bei einer der großen Gesellschaften. Die eigene Zugmaschine bringt einfach zu viel Ärger mit Banken, Terminen und Versicherungen. Sie sitzen da, reden über Radarfallen, Frauen und die letzte Wiegestation. Oder schweigen, wenn nichts zu sagen ist. Leute, ein bißchen ohne Heimat. Einsamkeit unter Gleichgesinnten auf ihrem Weg, der Straße.

Mein Blick fällt auf einen kleinen Werbeprospekt. Die alte „66“

zweigt hier bei Santa Rosa ab. Über Romeroville führt sie ins nördlich gelegene Santa Fe. Zeit für mich, den Weg von J. D. Rittenhouse zu verlassen. Er fuhr von hier aus direkt ins 200 Kilometer entfernte Albuquerque, die Strecke des heutigen Interstate 40. Doch ich will dem ursprünglichen Verlauf folgen und begebe mich auf den Highway 84. Es ist eine gute Teerstraße ohne Schlaglöcher. Schnurgerade führt sie über die Ebene. Rechts und links nur flaches Land. Keine Städte und kaum Autos. Die endlose Weite läßt mir den Himmel näher erscheinen. Das blasse Grün der Landschaft wird erst bei Romeroville von der saftigen Farbe einiger Bäume und Sträucher unterbrochen. Hier biege ich ab und fahre durch bergiges Land zur Hauptstadt von New Mexico, Santa Fe.

„Heiliger Glaube“, so lautet die Übersetzung von Santa Fe. Diese Stadt ist ein anderes Amerika. Wenn es auch die modernen Zweckbauten beim Einfahren in die Stadt nicht vermuten lassen, so finde ich im Stadtkern weder spiegelverkleidete Fassaden noch riesige Hochhäuser. Bauten aus

Lehm und Holz verwöhnen in ,sanften Erdtönen das Auge. Die Bauhöhe ist hier beschränkt worden und die Häuser haben ihren besonderen Stil. Adobe heißt die klassische Lehmziegelbauweise. Der sonnengebackene Naturbaustoff erhält seine Festigkeit durch eingearbeitetes Stroh. So entsteht ein ganzjährig ideales Wohnklima. In den neuen Wohnvierteln vor der Stadt finden sich mittlerweile allerdings preiswerte Nachbildungen dieser Bauweise. Sie bestehen aus Sperrholz, Teerpappe und Draht. War es zuerst der Zweck, der ein schönes Design schuf, so scheint sich das Design jetzt verselbständigt zu haben. Doch diese Bauten sind immer noch besser als die kurzlebigen Hütten zwischen Autowracks im Süden und Westen der Stadt. Hier wohnen die Nachkommen der ursprünglichen Bewohner, Amerikaner mit mexikanischen und indianischen Vorfahren.

Das Zentrum der Stadt scheint von allen äußeren Veränderungen verschont. Es ist der „Santa Fe-Stil“, der die Touristen, Künstler und zahllose Besucher anlockt oder inspiriert. Indianische Wandmalerei-

South of Las Vegas, New Mexico
Endlos scheint der schnurgerade Highway 84 seine Bahn durch blaßgrüne
Weiden zu ziehen. Im Jahre 1926 hieß diese Straße noch „Route 66".

en weisen auf die Geschichte hin, während im Zentrum die Ureinwohner fein gearbeiteten Schmuck aus Silber und Türkis verkaufen. Dieser Stil zwischen alter Kultur und moderner Vermarktung hat für mich seinen ganz eigenen Charme. Ich bummel durch die Straßen und lasse mich davon einfangen. Zeitgemäß junge Cafes, Galerien, ein alter Friseurladen, moderne Boutiquen, indianische Schmuckhändler, feinste Mode und eine große Standuhr, die noch nie ihre Zeiger bewegte. Irgendwann stehe ich am

Bahnhof. Er sieht klein aus mit den wenigen Gleisen. Romantisch, wie aus einem alten Western. Doch alles paßt zusammen. Ich kann mir gut vorstellen, warum so viele Künstler in diese Stadt kommen. Sie inspiriert und ist ein Genuß.

Länger als vorgesehen bleibe ich in Santa Fe. Doch irgendwann ist es Zeit und der Highway zieht wieder seine Bahn unter mir. Ich verlasse diese romantische Stadt, die in unmittelbarer Nähe von Los Alamos liegt. Jenem Ort, der durch die Entwicklung

der Atombombe im zweiten Weltkrieg bekannt wurde und in dem auch heute noch intensive Forschung für die Rüstung getrieben wird. Mein Weg führt nun geradewegs nach Albuquerque, der größten Stadt in New Mexico.

Es ist fast dunkel, als ich auf der Central Avenue endlich wieder ein offizielles Schild der „66" erblicke. Sie führt hier als Geschäftsabzweig des Interstate 40 direkt durch das Herz der Stadt, die mit ihren vielen Neonreklamen in der Wüste glüht wie ein Weihnachtsbaum.

On the Road
Die Ansammlungen von Briefkästen am Rand des Highway stehen stellvertretend für weites

...and, endlose Straßen und verstreute Farmen.

Santa Fe, New Mexico
Adobe heißt die althergebrachte Lehmziegelbauweise, in der mit sonnengebackenem Naturba

off ein heute klassisches Design entstand.

Santa Fe, New Mexico
Eine fast nostalgische Szene: der alte Buick vor dem kleinen, romantischen Bahnhof in de

Stadt, die der berühmten Bahnlinie ihren Namen gab.

„El Vado Motel", Albuquerque, New Mexico
Das „El Vado Motel" wirbt seit Jahrzehnten mit dem großen, bunten Indianer-Neonkopf. Kaufangebote für die einzigartige Reklame sind zwecklos.

Endlos reihen sich die bunten Leuchtzeichen aneinander.

Sie lassen die Namen von Motels erstrahlen, die schon Jack D. Rittenhouse hier vorfand: „De Anza Motor Lodge", „Zia Lodge", „El Vado" und das „Monterey". Meine Suche dauert nicht lange und schon bald habe ich für wenig Geld im Osten der Stadt ein großes, aber muffiges Zimmer. Dann geht's noch einmal hinaus auf die Central Avenue.

Ich lande am „66 Diner". Doch ist es nicht allein der Name, der mich fasziniert. Langgestreckte Neonröhren in blau und rot lassen das weiße Gebäude zu einem farbenprächtigen Schauspiel in Stromlinienform werden. Es ist, wie ich dann erfahre, eine alte „Philipps 66„-Tankstelle aus den 40er Jahren. 1987 zum Restaurant umgebaut, hängen dort heute Fotoerinnerungen an der Wand, und eine alte „Seeburg"-Jukebox spielt Lieder wie „La Bamba", „Mr. Sandman" ·und natürlich Bobby Troups Lied über die „66". Die Gäste sind jung und genießen das Flair. Cindy ist eine von ihnen. Sie arbeitet als Bibliothekarin und mag diese große Stadt. Ihr gefällt es, an einem Ort zu leben, wo sich ein hoher Prozentsatz von geistiger Arbeit ernährt. Deshalb, so sagt sie, sei in Albuquerque auch in überwiegendem Maße der Mittelstand vertreten. Dann unterhalten wir uns über amerikanische Geschichte. Über die US-Truppen, die 1846 den Siedlern nach New Mexico folgten, um dieses Land zu besetzen und über den Betrag von 5 Millionen Dollar, für den Mexiko dann New Mexico, Utah, Nevada,

Albuquerque, New Mexico
Schon J. D. Rittenhouse schwärmte von der Vielzahl der Motels an der „66"
auf seinem Weg durch die größte Stadt dieses Bundesstaates.

„66-Diner", Albuquerque, New Mexico
Einst war es eine „Philipps 66"-Tankstelle. Seit dem Umbau zum Restaurant im „66-Stil" gel...

...s aufwärts mit dem „66-Diner Restaurant".

West of Albuquerque, New Mexico
In früheren Tagen stand neben diesem Werbeschild auch ein entsprechendes Unternehmen,

...das mit lebenden Schlangen um Kunden warb.

East of the Continental Divide, New Mexico
Der mächtige Interstate Highway 40 hat die alte „Route 66" zeitweise vollständig aufgesoger

nd zieht schnurgerade seine Bahn.

Laguna Indian Reservation, New Mexico
Das karge Land etlicher Indianerreservate scheint manchmal an den Lasten einer modernen Industriegesellschaft zu ersticken.

Kalifornien und einen Teil Colorados an Amerika verkaufte.

Als wir uns schließlich verabschieden, sind wir übereinstimmend der Auffassung, die Mexikaner holen sich ihr Land mehr und mehr zurück, wenn sie zu tausenden nachts illegal über die Grenze kommen, angelockt vom Wohlstand der nördlichen Nachbarn.

Am nächsten Morgen fahre ich noch einmal gemütlich über die Central Avenue. Albuquerque hat die „Route 66" nicht vergessen. Es gibt einen

„Old Route 66"-Gebrauchtwagenhändler, ebenso wie das „Route 66"-Shopping Center oder den „Route 66"-Waschsalon. Schließlich finde ich sogar noch ein großes Wandgemälde, das die vor der Armut fliehenden Familien in den 30er Jahren auf ihrem Weg nach Westen zeigt. Die alte Straße ist hier noch ein Begriff. Sie hat als geschäftiger Abzweig des großen Interstate überlebt und feiert heute ihr Comeback.

Doch dann endet die Central Avenue. Im Westen der Stadt führt mich

eine Brücke über den Rio Grande. Ich mache einen kleinen Umweg über Los Lunas, um dem originalen Straßenverlauf zu folgen und komme so nach Laguna, wo ich wieder auf den Interstate 40 treffe.

In glühender Hitze führt die breite Schnellstraße durch die trockene Luft. Rechts und links Indianerreservate. Es scheint, als habe der vierspurige Highway die alte Straße wieder vollkommen verschlungen. In Budville, einem Ort der nicht auf meiner Straßenkarte eingezeichnet ist, fahre ich ab.

94

Laguna Indian Reservation, New Mexico
Abblätternder Putz, verschlossene Türen und kaum jemand, der die Reklame
beachten könnte – das Land und Gebäude wirken verlassen.

San Fidel, New Mexico
Das U.S. Post Office ist Mittelpunkt einer Häuseransammlung nahe der
Acoma-Indianerreservation. Einst fand hier reger Handel statt.

Gallup, New Mexico
Zeichen wie dieses locken heute die Stammesmitglieder der Hopi, Navajo, Zuni und Apachen

...n die selbsternannte „Hauptstadt der Indianer".

Santa Fe, New Mexico
Das Lebensgefühl der Ureinwohner Amerikas zeigt sich überall in der Stadt:
in den Wandmalereien, Museen und auf indianischen Märkten.

Ich will nachschauen, was am Rande der großen Straße noch geblieben ist.

Als erstes sehe ich eine kleine Tankstelle. Neben der neuen Zapfsäule mit bleifreiem Benzin steht noch ihre alte Vorgängerin. Sie hat die Füllmengenanzeige als große Uhr und die Gesamtpreisanzeige ist nur einstellig. Das macht mich neugierig und ich bleibe am Rande des breiten Highway.

Indianerland. Felsiges Gebiet. Zerfallene Lehmhütten mit verrottenden Autowracks davor. Dann das U.S. Post Office in San Fidel. Unter dem großen alten „Texaco"-Zeichen bietet ein betrunkener Indianer seine Dienste an. Den großen Steinkopf am Rande seines Reservates müsse ich sehen. Er hat Mühe gerade zu stehen und gibt eine verworrene Wegbeschreibung. Ich versuche zu fahren, wie er es erklärte und verirre mich im Reservat. Finde lediglich Schilder, die mir sagen, daß in der Reservation nur das Recht der Indianer gilt. Ansonsten: weite Flächen und ödes Land. Ich bemühe mich, wieder neben dem Inter-state zu fahren. Doch schließlich enden die kleinen Nebenstraßen. Ich muß zurück und an der letzten Auffahrt wieder auf die Schnellstraße, die mich zügig zur Continental Divide, dem Rückgrat der USA führt. Niederschläge östlich hiervon fließen zum Atlantik, während sie auf der westlichen Seite zum Pazifik ablaufen. Mit etwas über 2.200 Metern über dem Meeresspiegel ist es der höchste Punkt meiner Reise. Auf der Ansichtstafel ist die Zahl „66" mit „I-40" überklebt. Ich tue etwas für die Promo-

On the Road
Die Cafes am Straßenrand der kleinen Orte haben ihren eigenen Charme, der in seiner Art meist dem kargen Land entspricht.

tion der alten Straße und kratze ihren Namen wieder frei. Dann geht's weiter Richtung Westen.

Werbetafeln in der eintönigen Landschaft kündigen die Stadt an, die von sich behauptet, „Hauptstadt der Indianer" zu sein. Gallup ist Handelsplatz für die angrenzenden Reservate der Navajo und Zuni, aber auch für Hopi, Laguna oder Apachen. In den Reservaten ist Alkohol in aller Regel verboten. So kommen die Nachfahren der Ureinwohner nicht nur zum Handeln in die Stadt, sondern vielfach um dort zu trinken. Sie sind hier Gäste im eigenen Land, und Gallup ist vielleicht die Stadt mit der höchsten Alkoholikerquote in den gesamten USA.

Die Gedanken an die tragische Geschichte der Indianer Amerikas werden jedoch ein paar Minuten später abgelenkt. Der Bundesstaat Arizona heißt mich mit einer Kontrolle willkommen.

ARIZONA

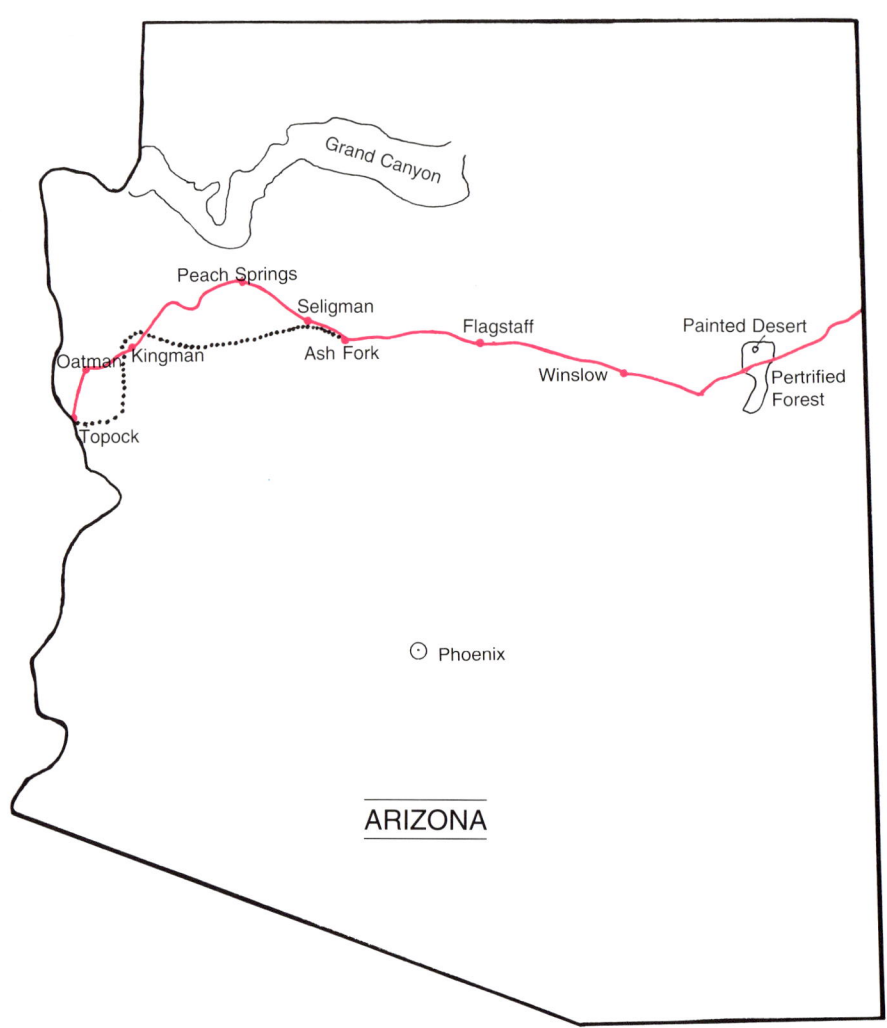

Grand Canyon

Peach Springs

Seligman

Flagstaff

Painted Desert

Oatman Kingman

Ash Fork

Winslow

Pertrified
Forest

Topock

⊙ Phoenix

ARIZONA

„66-Motel", Arizona
Klassische Werbung: große klare Buchstaben, die sich kontrastreich vom Untergrund abheben und mit der „66" eine wohlbekannte Zahl zeigen.

Ob ich Früchte oder pflanzliche Produkte mitbringe, lautet die Frage an der Inspektionsstation. Auf mein „Nein" hin kann ich mit dem Wunsch auf eine gute Fahrt den Weg fortsetzen. Ein paar Mexikaner im Van vor mir hatten Pech. Sie dürfen aussteigen und ihren vollgepackten Wagen entladen, während ich mir gemütlich eine Zigarette anstecke. Der Fahrtwind bringt kaum noch Kühlung. Das ehemals weiße T-Shirt klebt am Rükken. Die weichen Plastiksitze zeigen deutlich ihre Nachteile. Doch der

V8 brummt ruhig vor sich hin, der Tank ist voll, im Radio läuft „On the Road again" und ich habe ganz einfach gute Laune. Freue mich auf die so nah vor mir liegenden Naturwunder.

Zunächst geht's durch den „Petrified Forest National Park" mit seinem „Painted Desert". In der Vulkanlandschaft aus dem Trias sorgten die heute rostig glänzenden Aschemassen dafür, daß die Stümpfe der Pinienbäume erhalten blieben und nun blau-rot schimmern. Dann ist wenig später bei Winslow der

„Meteor-Crater" ausgeschildert. Eine staubige Straße führt hier 5 Meilen nach Süden durch die Wüste zu dem großen Loch in der Erdoberfläche. 175 Meter ist es tief und mißt über 1,2 Kilometer von einem Rand zum anderen, seit hier vor etwa 30.000 Jahren ein Meteorit aus dem Weltall einschlug. Schließlich erreiche ich Flagstaff und muß mich entscheiden, ob ich eine noch größere Vertiefung in der Erde sehen möchte. Sie ist etwa eine Meile tief und über 200 Meilen lang.

Meteor Crater, Arizona
Verlassen steht die alte Ruine in der Nähe jener Stelle, an der vor etwa 30.000 Jahren ei

Meteorit ein Riesenloch verursachte.

Seligman, Arizona
Juan Degadillo verkauft „Dead Chicken" und setzt sich mit seinem ganz
besonderen Humor für die Wiederbelebung der „Route 66" ein.

Die Entfernung von einem Rand zum anderen liegt zwischen 6 und fast 30 Kilometern. Der Name: „Grand Canyon". Ich nehme die knapp 125 Meilen Umweg in Kauf und trenne mich kurz von der „Route 66". Dafür werde ich frühmorgens von dem gewaltigen Farbenspiel des Sonnenaufgangs über dem Flußbett des Colorado entschädigt.

Wieder auf meinem alten Weg, komme ich nach Ashfork und erlebe eine angenehme Überraschung. Die „66" ist nicht nur als Geschäfts-abzweig des Interstate 40 ausgeschildert, sondern als eigenständiger Highway. Meine Freude ist perfekt, als ich dann noch eine kleine Landkarte mit dem Zeichen „Historic Route 66" entdecke. Die alte Straße hat hier scheinbar echte Fans. Kein Wunder, das längste komplett erhaltene Stück des legendären Highway liegt nun vor mir. Nach all' meinen oft vergeblichen Mühen, dem ursprünglichen Straßenverlauf zu folgen, wird es nun einfach. Ich kann jetzt anhand der Karte fahren. Die oftmals zeitrauben-de Suche ist für die nächsten 175 Meilen vorbei. Ein unvermeidbares Hochgefühl stellt sich ein, während ich ohne Hast in Richtung Seligman steuere.

Der kleine Ort begrüßt mich mit einer typischen Tankstelle, die ihre besten Tage offensichtlich hinter sich hat. Wenn es hier nicht eine Abfahrt des Interstate 40 gäbe, wäre sie vermutlich schon lange aufgegeben. Doch dann fällt mein Blick auf einen Hamburgerstand auf der anderen Straßenseite. Glitzernde Girlanden schmücken den Schnell-

Seligman, Arizona
Ein girlandengeschmückter Tannenbaum auf dem Rücksitz eines 1936er
Chevrolet. „Degadillo's Snow Cap" wirkt so skuril wie sein Besitzer.

imbiß, als sei er eine kleine Kirmes. Rechts neben dem Flachbau steht ein weißes 1936er Chevrolet Impala Cabrio in merkwürdigster Verkleidung. Große Hupen, rote Blinkleuchten, jede Menge Scheinwerfer und ein Plastikblumenstrauß zieren seine Front. Auf dem roten Rücksitz steht aufrecht ein geschmückter Weihnachtsbaum, während Eishörnchen auf die Kotflügel gemalt sind. „Degadillo's Snow Cap" sagen die großen Lettern auf der Tür. Alles zusammen bietet mir einen guten Grund, meine Fahrt zu unterbrechen.

Während ich über die breite Hauptstraße gehe, fällt mein Blick auf die große Werbetafel über dem seltsamen Flachbau. „Dead Chicken" steht dort zusammen mit einem riesigen Highway-Zeichen der historischen „66". Dann entdecke ich viele weitere dieser Zeichen in allen Größen und eine uralte Zapfsäule, die noch Glockensymbole als Gallonenmaß in ihrem hohen Glaszylinder hat. Im Garten steht ein Baum mit Plastikschlangen, Plastikkokosnüssen und Plastikblumen. Es scheint mir der richtige Platz für einen kurze Abkühlung. Ich gehe

hinein und bestelle einen Vanilleshake. An der Wand hängen Werbeplakate der letzten Jahre und Jahrzehnte. Ein „Cheeseburger with Cheese" steht mit 1.95 Dollar auf der Preistafel, doch ein Zusatzschild weist darauf hin, der Preis könne sich je nach Verhalten des Kunden ändern. Der Besitzer ist wie sein Laden. Das wird mir schnell klar, während ich auf meinen Shake warte. Aus dem Mund von Juan Degadillo sprudeln die trockenen Witze nur so hervor. So bezeichnet der Sohn eines mexikanischen Emigranten seine halb herausgedrückten Brillengläser als „Aircondition für die Augen" und reicht mir schließlich zu meinem Milchshake einen ganzen Arm voll Strohhalme über die kleine Theke. Grinsend sagt er dabei: „Such' dir einen aus, den Rest verkaufe ich später." Auf meine Frage nach der „Route 66", gibt mir dieser Mann, der sich seinen Humor auch von einer nur knapp überstandenen Krebsoperation nicht hat nehmen lassen, den Tip, seinen Bruder einige Häuser weiter aufzusuchen. Bevor ich gehe, gibt er mir noch seine Geschäftskarte. „My Card . . ."

steht schlicht darauf. Ich betrachte sie näher und lese, was sein Geschäft ist: „. . . leicht gebrauchte Servietten".

Angel Degadillo, der grauhaarige Bruder, ist vollkommen anders. Ich besuche ihn in seinem Haus, wo er unter einem Dach die örtliche Handelskammer repräsentiert, als Friseur arbeitet und ein Billardzimmer unterhält. Während ich eintrete, schneidet er gerade einem Kunden die Haare. Höflich bittet er mich um etwas Geduld, und ich habe Zeit mich umzusehen. Die „Route 66" ist hier in allen Variationen vertreten. Auf T-Shirts, Buttons, Aufklebern, Postkarten und Postern steht die magische Zahl. Im Zimmer nebenan, wo Angel die Haare schneidet, scheint alles antik. Später erzählt er mir, daß er schon seit 40 Jahren diese Tätigkeit an der „66" ausübt und noch immer dieselbe Ausrüstung und denselben Frisierstuhl benutzt, seit er diese Utensilien 1929 von seinem Vater übernommen hat. Das angegliederte Billardzimmer präsentiert sich in ähnlichem Stil. In dem holzgetäfelten Raum dominiert das grüne Tuch des Spieltisches.

Seligman, Arizona
Der Präsident der örtlichen Handelskammer, Angel Degadillo, nutzt als örtlicher Friseur immer noch stolz den 1929 vom Vater geerbten Stuhl.

Seligman, Arizona
Werbung braucht Einfallsreichtum. Auch wenn diese „Bierdose" schon bessere Tage sah, se

st sie immer noch ein ausdrucksvolles Beispiel.

Daneben gibt es nur eine klassische Jukebox, eine harte Lattenbank und eine kleine Schiefertafel an der Wand. Die Einrichtung paßt zu dem freundlichen Barbier, genau wie der lustige Hamburgerstand zu seinem witzigen Bruder mit dem nie ermüdenden Mundwerk. Als Angel das Rasiermesser schließlich zur Seite gelegt hat, geht er als Präsident der Handelskammer gerne auf mein Interesse an der „Route 66" ein. Schließlich ist er auch Gründer und Präsident der „Historic Route 66 Association of Arizona". Diese alte Straße liegt ihm sehr am Herzen und er bringt seit Jahren jede Menge Energie auf, um sie wieder populärer zu machen. Denn, so meint er, die Leute wollen ein Stück Geschichte. Sie möchten gerne ihre Erinnerungen noch einmal erleben. So rief Angel im Februar 1987 ein Dutzend Leute zusammen. Ein Verein mit dem Ziel, die „Route 66" zu erhalten und wieder bekannt zu machen, wurde ins Leben gerufen. Mit diesen Bemühungen erinnert er an einen anderen Berufsgenossen. Der Barbier Jack Cutburth aus

Clinton im Bundesstaat Oklahoma zeichnete 1926 mitverantwortlich für die Gründung der „National US 66 Association", deren Aktivität jedoch mit seinem Tode im Jahre 1978 einschlief. Die Ziele der beiden sind ähnlich: Eine vielbenutzte Straße verspricht gute Geschäfte.

Früher, erklärt mir Angel, lief so viel Verkehr über die „66" in Seligman, daß Fußgänger Schwierigkeiten hatten, die Straße zu überqueren. Dann aber wurde Anfang der 80er Jahre hier das letzte Teilstück des neuen Interstate 40 eröffnet. Bobby Troup sang zu diesem Anlaß sein legendäres Lied von der „Route 66", die seitdem vollständig durch vielspurige Schnellstraßen ersetzt war. Von jenem Tag an war es dann, als hätte jemand Tore an beide Enden von Seligman gestellt und den Verkehr verboten. Fußgänger hatten nun zwar keine Schwierigkeiten mehr auf der Hauptstraße, doch die Geschäfte in Seligman gingen zusehends schlechter. Angel aber wurde nicht müde, auf Tagungen der Handelskammer immer wieder auf die „66" hinzuweisen. Sie könne die

Wirtschaft wieder in Schwung bringen. Und es scheint, als habe er Recht. Mittlerweile berichteten Zeitungen, Radiostationen, Magazine und auch die großen Fernsehgesellschaften wieder über die Straße mit den zwei Sechsen. Seit im April 1988 schließlich sogar das Teilstück zwischen Seligman und Oatman, das noch vor mir liegt, vom Staat Arizona als „Historic Road" ausgeschildert wurde, gehen die Geschäfte endlich wieder besser. Und das Interesse an der Straße wächst zusehends weiter, wie die Mitgliederzahlen der von Angel gegründeten „Route 66 Association" zeigen. Grund zur Freude für Seligman und die Gebrüder Degadillo: Juan, Angel und Joe, der als dritter im Bunde eine Tankstelle im Ort hat.

Mir gefällt die Initiative, mit der die Brüder ihr Schicksal in die Hand nehmen, während ich wieder unterwegs bin und mich immer weiter vom großen Interstate entferne. Der Highway 66 läuft nun nicht mehr parallel, sondern geht bis zur Staatsgrenze Kaliforniens seinen eigenen, historischen Weg.

West of Peach Springs, Arizona
Unscheinbar und unwirklich erscheinen die Überreste der ursprünglichen
„66", wo am Straßenrand noch Souvenirs aus alten Tagen liegen.

Es herrscht kaum Verkehr. Ab und zu halte ich an, um mich mit der Geschichte zu treffen. Rechts und links der Straße führt teilweise noch ein alter Schotterweg. Es ist ein Überrest der ursprünglichen „66". Aufgegeben und mit Gras bewachsen führt er durch das Land. Am Rande des einstigen Highway finde ich Weggeworfenes aus jener Zeit. Eine Cola-Flasche mit verblichener Schrift liegt im Gras. Ihr Hals ist abgebrochen. Ich hebe sie auf und fühle mich der Geschichte dieser Straße auf einmal

ein kleines Stückchen näher.

Durch die hügelige Gegend komme ich zu den Grand Canyon Höhlen. Das Hotel an dieser Sehenswürdigkeit hat sich offensichtlich noch halten können. Allein steht es da und wirbt für einen Besuch. Bei klarem Wetter sehe ich von hier den Südrand des Grand Canyon. Ein kurzer Blick, dann fahre ich weiter ins Reservat der Hualapai Indianer. Peach Springs macht einen heruntergekommenen Eindruck. Verwittert und kaum noch lesbar ragen alte Neonrekla-

men in den blauen Himmel. Die Röhren sind zerbrochen und die Geschäfte aufgegeben. Einst blühte das Leben. Dampfloks füllten ihre Wasservorräte hier auf, und die Reisenden auf der Straße legten eine Rast ein. Heute scheine ich der einzige Fremde in dieser Stadt zu sein. Das Leben ist langsam geworden. Geblieben sind nur jene, die für das Indianerreservat notwendig sind. Auch ich bleibe nicht lange und rolle weiter Richtung Westen.

Am Straßenrand tauchen Werbeschilder für einen Besuch im nahen

East of Peach Springs, Arizona
Die Werbetafel für das nahe Spielerparadies Las Vegas in Nevada verblaßt
am Straßenrand. Kaum ein potentieller Kunde fährt hier.

Las Vegas auf. Abgeblätterte Farben, kaum lesbare Schrift. Selbst das Spielerparadies gibt nichts mehr auf die Werbung an dieser Straße. Der schnelle Interstate ist einfach zu weit entfernt. Nur Orte unmittelbar an einer Ausfahrt scheinen eine Chance zu haben. Hier draußen aber, meilenweit von dem Komfort der Schnellstraße entfernt, fährt kaum ein Durchreisender. Wer hier im Auto sitzt, ist zumeist ortsansässig und stammt aus einer der kleinen Häuseransammlungen am Rande der

Straße. Die einst blühenden Städte wirken ausgestorben und tot.

Ich fahre durch Valentine und frage mich, wer in diesem Ort noch wohnt. Die in früheren Zeiten so geschäftigen Tankstellen sind fast alle geschlossen – „Sorry we're closed". Den Zusatz „Call again please" nehme ich angesichts vernagelter Türen nicht ernst. An den Zapfsäulen wachsen Sträucher und ein großes, altes Markenzeichen quietscht leise im Wind.

Das gleiche Schicksal trifft auch auf Hackberry, die nächste Stadt auf

meinem Weg, zu. Schließlich finde ich am Straßenrand einen alten Ford. Es ist ein verrosteter Truck, der seinem Besitzer sicherlich schon sehr nützlich war, als der Highway 66 noch keinen durchgehend festen Straßenbelag hatte. Heute steht er einfach nur da und blinzelt mit verrosteten Scheinwerfern schief in die Luft. Doch er ist nicht allein. Unmittelbar neben ihm wartet ein um Jahrzehnte jüngeres Modell darauf, irgendwann vollkommen seine Farbe in graubraun zu ändern. Wagen, die nicht mehr fahren, Tankstellen ohne

114

Peach Springs, Hualapai Indian Reservation, Arizona
Einst konnten Reisende hier Unterkunft und Service finden. Heute sind Fremde in diesem einst geschäftigen Ort selten geworden.

East of Hackberry, Arizona
Rostige Wagen am Straßenrand sind Relikte aus Zeiten, als Tausende über die „Route 66" westwärts zogen, um ihr Glück zu suchen.

East of Hackberry, Arizona
Noch leuchtet die Farbe des vergessenen Trucks gelb in der Sonne. Doch auch für ihn ist der sicher kommende Rost nur eine Frage der Zeit.

Benzin und eine Straße ohne Verkehr. Mir scheint alles ein großes, unbeabsichtigtes Freilichtmuseum zu sein. Während der nun folgenden Linkskurve, die sich mehr als 6 Meilen hinzieht, habe ich reichlich Gelegenheit, mir Gedanken zu den Veränderungen der Zeit zu machen.

Abends bin ich dann wieder mitten im Leben. In Kingman kreuzt der Verlauf der „Route 66" den Weg des neuen Interstate. Ich nehme mir ein Motel an der alten Straße mit Blick auf den I-40. Es ist das typische Bild. Tankstellen, Re-

staurants und Motels, dazwischen breite Straßen mit stetigem Verkehr. Ich gehe zu Fuß in ein nahes Restaurant und stelle fest, der Weg ist gefährlich. Fußgänger sind nicht vorgesehen in diesem Verkehrskonzept. Anschließend setze ich mich noch einmal in den Chevy und fahre zum Waschsalon. Während ich mir für ein paar Quarters Waschmittel kaufe, um dann eine der vielen Maschinen mit verschwitzten Jeans und T-Shirts zu füllen, findet um mich herum das Leben statt. Der Junge im Anzug faltet ordentlich

seine Oberhemden. Ein kleines Mädchen sitzt neben ihrer Mutter in der Spielecke und tracktiert die Tasten einer Plastikschreibmaschine. Ältere Damen unterhalten sich. Nebenbei sehen sie einem Arbeiter zu, der Schwierigkeiten hat, die Sondermaschine für stark verschmutzte Wäsche in Gang zu bekommen. Über allem liegt das Summen der Automaten und das lautstarke Wortgefecht einer Gruppe Jugendlicher, die sich am Hintereingang getroffen hat. Ich ziehe mir eine Soda, blättere in den bereitliegenden

Kingman, Arizona
Hier kreuzt die historische „Route 66" den modernen Interstate 40, mit sei-
nen vielen Tankstellen und Motels der großen Ketten.

Kingman, Arizona
Der Faszination von Neonreklamen kann sich wohl kaum jemand entziehen.
Das klassische Werbemittel ist immer noch beliebt.

Kingman, Arizona
Das Werbeschild hat schon bessere Tage gesehen, doch in der kleinen Gemeinde leben Geschichte und Geschäfte heute wieder auf.

Zeitschriften, lese die Angebote an der Pinnwand und schaue schließlich noch ein bißchen TV. Es ist eine gute, saubere Münzwäscherei.

Eine Stunde später fahre ich mit den frisch gewaschenen Sachen zurück. Am Weg leuchtet die rote Neonschrift des „Route 66"-Motels. Die Legende lebt auch hier, denke ich, während ich noch kurz auftanke. Die Kassiererin der großen Tankstelle ist schon von der Nachtschicht. Der Kauf von Benzin ist schwieriger geworden. Sie nimmt nur Bargeld,

keinen Schein größer als 20 Dollar und gibt nichts heraus. Strenge Regeln in der warmen Nacht. Meinen Tank kann ich nicht ganz füllen, denn mir fehlt das passende Kleingeld.

So muß ich dem zu erwartenden Durst meiner acht Zylinder am nächsten Morgen erneut vorbeugen. Danach geht's zur „Route 66 Distillery", einem Restaurant, von dem ich gehört hatte. Jerry Richards, der Besitzer ist Vizepräsident der „Route 66 Association". Er ist dort zweiter Mann nach Angel

Degadillo aus Seligman, in dem Verein, dessen Postfachnummer in Kingman aus den beiden magischen Sechsen besteht. Von außen läßt mich das Restaurant nichts Besonderes erwarten. Dann öffne ich die Eingangstüre und werde von allen Seiten mit Eindrücken geradezu bombardiert. Vor mir steht eine Salatbar mit riesigen, blinkenden Buchstaben „SALAT" darüber. Nach links schaue ich in zwei große Räume mit all' den Sachen, die zum Flair der alten „66" gehörten. Da steht eine große Zapf-

„Route 66 Destillery", Kingman, Arizona
Der Koch der „Route 66 Destillery" hat meist viel zu tun, denn nicht nur die
„Main Street U.S.A. Burger" verkaufen sich gut.

„Route 66 Destillery", Kingman, Arizona
Jerry Richard machte die „66" zum Thema seines Restaurants, in dem Preise
meist auf „6" enden und die Speisekarte eine Zeitung ist.

East of Sitgreaves Pass, Arizona
Für diesen heißen und ermüdenden Streckenabschnitt durch Wüste und Berge verluden Reisende früher gerne ihre Automobile auf den Zug.

säule. Direkt daneben strahlt die unverzichtbare „Wurlitzer" Musikbox. „Philipps 66" leuchtet in großen Neonbuchstaben an der Wand, die ansonsten mit nostalgischer Werbung geschmückt ist. Alte Highwayzeichen sind genauso vertreten wie eine Ampel. Die Farbe Rot und glänzendes Chrom dominieren in diesen gepflegten Räumen. Ich beschließe, mich für ein kurzes Frühstück an die nicht minder schöne Theke zu begeben. Dort nehme ich vor einem alten Flipper Platz und lese die

Speisekarte. Es ist eine Art Zeitung zum Mitnehmen. Auf Vorder- und Rückseite stehen Promotionartikel für die „66". Im Innenteil ist, eingerahmt von einer stilisierten Straße und Fotos, die Speisekarte gedruckt. Die Preise der Hauptgerichte stehen unter „Main Street Eateries". Sie enden ebenso auf „6" wie alle anderen Speisen auch. Verschiedene Softdrinks gibt's für 66 Cents. Während ich eine Kleinigkeit esse, werden an der Kasse Pappautos im Stil der riesigen alten Straßenkreuzer, Postkarten und

andere Erinnerungsstükke verkauft. Das Essen schmeckt mir und das Restaurant hat gut zu tun. Jerry Richards hat offensichtlich Erfolg in dem Geschäft mit der alten Straße.

Die kühle Luft im Restaurant tausche ich aber schon bald wieder gegen die Hitze auf der Straße ein. Vor mir liegt der noch schnurgerade Highway. Im Unendlichen verschwindet er in den Bergen. Diese Berge und die Wüste waren es, die Reisende früher oft zu dem Entschluß führten, ab hier lieber den Zug zu benutzen. Für

120

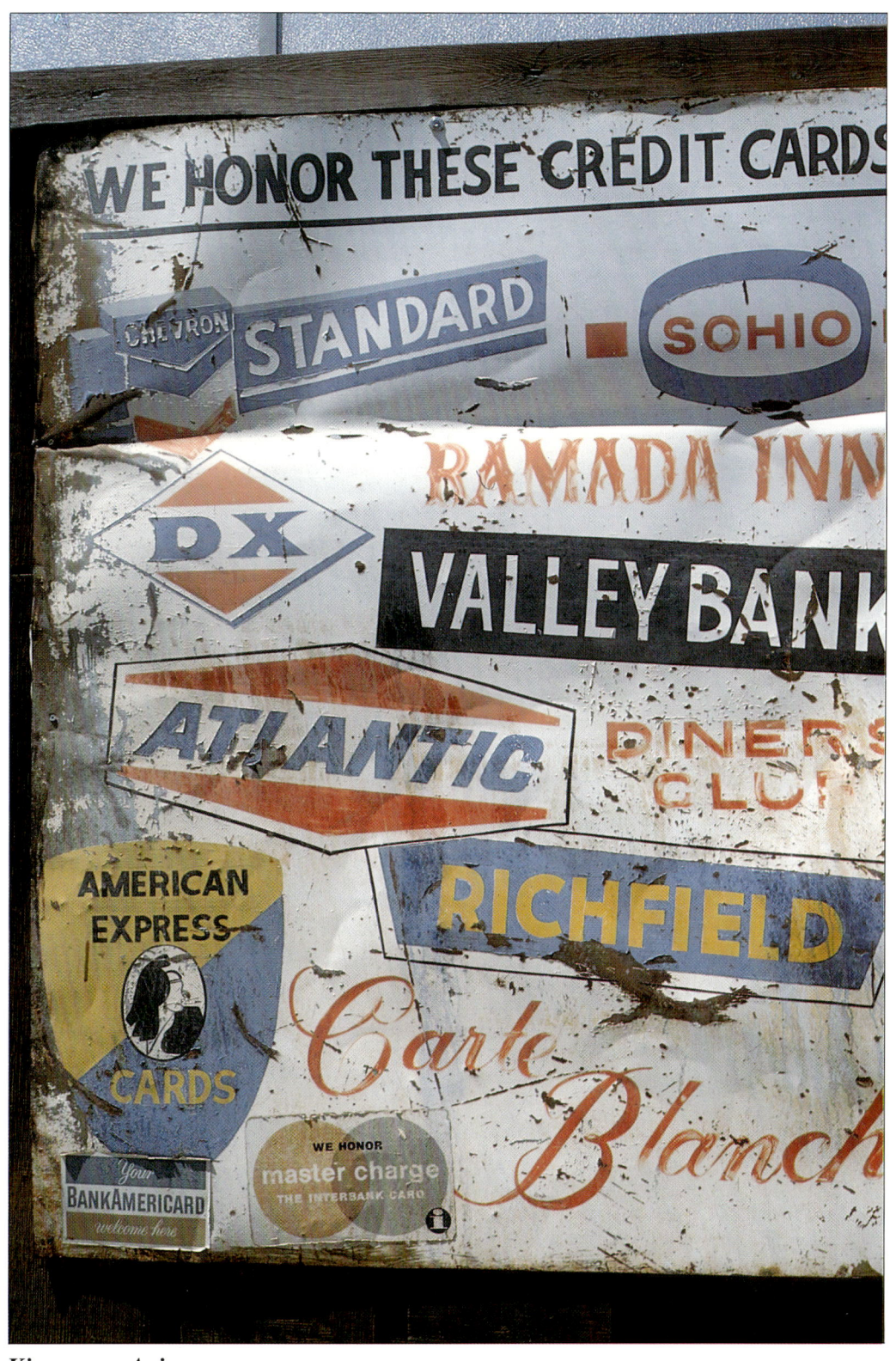

Kingman, Arizona
Einige dieser Kreditkarten sind heute längst vergessen, doch auch sie leiste-
ten ihren Beitrag zum einstigen Wohlstand an der „66".

East of Sitgreaves Pass, Arizona
Der Hinweis auf das „Kaktus Kafe" gab vor Jahrzehnten, ebenso wie auch heute noch, d

122

Hoffnung auf eine Erfrischung, Essen und Benzin.

die Strecke von Kingman bis über den Colorado nach Kalifornien rollten sie und ihr Wagen dann auf Schienen.

Mit sandigem Bankett führt die Straße nun wieder weg vom großen Interstate Highway. In meiner Straßenkarte ist sie klein und grau als „sonstige Straße" eingezeichnet. Dann geht es hinauf in die Berge, vor denen die vielen Familien der 30er Jahre auf ihrem Weg nach Kalifornien solche Angst hatten. Überall stehen Kakteen in steinigem Wüstenboden. Die Ruine einer alten Tankstelle taucht auf. Danach eine Werbetafel für das „Kaktus Kafe" in Ed's Camp, das ich wenig später erreiche. Dort angekommen, staune ich nicht schlecht.

In hellem, sauberem Weiß heben sich zwei Wellblechhütten vom blassen Braungrün der Wüste ab. Davor stehen große Körbe aus Drahtgeflecht und ein riesiger Kaktus, der so hoch ist wie ein Flaggenmast und ein Dutzend Arme hat. Zwei Zapfsäulen warten in der Auffahrt, dahinter Holztische und Stühle. Der Dachfirst einer kleinen Snack-Bar ist umrandet mit alten Radkappen, deren Chrom in der Sonne glänzt. Überall liegen die merkwürdigsten Sachen herum. Es sieht verdammt verlassen aus. Doch auch wenn zur Zeit offensichtlich niemand hier ist, so ist das Geschäft nicht vollständig aufgegeben.

Ich hatte über das seltsame Anwesen in der Wüste gelesen. Im Jahre 1919, noch bevor es die „U.S. Route 66" gab, baute Ed Edgerton hier sein Camp. Die Straße war damals unter dem Namen „National Old Trails Road" bekannt. Reisende zwischen Kingman und dem 30 staubige Meilen entfernten Oatman rasteten hier. Zu jener Zeit war die kurze Strecke über die Berge anstrengend und ermüdend für Mann und Material. Ed baute zuerst nur ein Zimmer, um den wenigen Reisenden eine Abkühlung anbieten zu können. Es ist das heute noch stehende „Kaktus Kafe". Damals pflanzte er auch die heute riesige Saguaro Kaktee. Im Laufe der Zeit kamen immer mehr Leute vorbei. Der kleine Kaktus und die Hütte wuchsen in gleichem Maße. Ed begann alle möglichen seltsamen Sachen zu sammeln und verkaufte sie an Touristen. Bald wurde er zur festen Anlaufstelle für Durchreisende und Abenteuerlustige, denn er kannte das Land und die Sehenswürdigkeiten wie seine Westentasche. Zu Zeiten der Massenflucht nach Westen waren 50 Wagen zur gleichen Zeit keine Seltenheit in diesem Camp des Mannes, der 1952 von Ärzten hören mußte, er würde in wenigen Monaten an Krebs sterben. Doch der alte Ed soll sie ausgelacht haben. Er blieb bei seinem Kaktus und schied erst 1978 aus dem Leben. Doch das Camp verließ er damit nicht. Die Nachfahren verstreuten seine Asche über dem Grundstück. So ist er immer noch überall, wenn sich heute die Bevölkerung des Camps mit sechs Erwachsenen und drei Kindern darum bemüht, seiner Tradition treu zu bleiben. Und er war auch da, als 1984 der Hollywoodfilm „Roadhouse 66" hier gedreht wurde.

Zwischen all dem Trödel hänge ich noch einige Zeit meinen Gedanken nach, bevor ich mich auf der nunmehr schmalen Straße die engen Kurven zum Sitgreave Pass hochwinde. Die Temperatur des Kühlwassers steigt. Ich vergegenwärtige mir die Schwierigkeiten in den

Ed's Camp, East of Sitgreaves Pass, Arizona
Zeitweise ist geschlossen, doch wer hält findet die merkwürdigsten Sachen.
Ed Edgerton baute hier das erste Haus im Jahre 1919.

Goldroad, Arizona
Heute haben die Berge diesen Platz wieder. Doch 1946 wohnten und arbei-
teten in der ehemaligen Minensiedlung noch über 700 Personen.

Oatman, Arizona
Amerikas wilder Westen lebt in dieser kleinen Wüstengemeinde wieder auf. Gunfighter-Show

...nd eine filmreife Kulisse gehören dazu.

Kindertagen des Automobils. Genausogut stelle ich mir dann die Erleichterung vor, als mein Wagen schließlich am höchsten Punkt steht. Von über 2.000 Metern Höhe blicke ich nun auf die endlos weite Wüste und kann bis nach Kalifornien oder Nevada schauen. Ein Schild erinnert daran, daß hier schon 1857 der Weg über die Berge führte. Generationen von Wandernden nach Westen blickten hier zum ersten Mal ins gelobte Land. Doch viel mehr als eine steinige Berglandschaft sahen sie nicht.

Durch den grauen Fels windet sich die Straße dann wieder ins Tal. Ich komme an den Resten der verlassenen Stadt Goldroad vorbei. Jack D. Rittenhouse gab 1946 die Bevölkerungszahl dieser Minensiedlung mit 718 Personen an. Heute stehen nur noch einige Ruinen der Steinbauten, die im Gelände kaum auffallen. Siebzehn Prozent beträgt das Gefälle zeitweise und mir wird klar, wie hart der umgekehrte Weg hier für einen alten Ford T oder vollbesetzten Bus gewesen sein muß. Trucker verdienten sich damals ein paar Dollar, indem sie liegengebliebene Wagen bis zum Paß zogen. Doch auch für spätere Generationen von Fahrzeugen war diese Strecke noch eine Herausforderung. Zeitweise wurde sie sogar von Automobilherstellern als Härtetest benutzt.

Langsam rolle ich talwärts. Das Automatikgetriebe ist heruntergeschaltet. In jeder Kurve kann Gegenverkehr kommen. Aber mir begegnet nicht ein einziges Fahrzeug, bis ich den nächsten Ort erreiche. Dort angekommen, bin ich auf einmal mitten im wilden Westen. Rechts und links der breiten Hauptstraße stehen Holzhäuser, holzbeplankte Stege laufen davor. Ganz wie in einem alten Film. Freilaufende Maulesel trotten umher. Fast sind es nur die überall geparkten Wagen, die an das Heute erinnern. Oatman heißt diese Gemeinde. Am „Dollar Princess Mining Saloon" finde ich einen Parkplatz und starte mit meinem Erkundungsgang. Vor dem alten Kramladen sitzen Touristen im Schatten auf einer Bank. Im Geschäft ist es dunkel. In dem leicht muffigem Ambiente verkauft eine alte Frau neben Erfrischungen und Futter für die Maulesel jede Menge Erinnerungen an vergangene Zeiten. Oatman war einst eine Goldminenstadt. Bis zu 10.000 Menschen lebten hier, nachdem zu Beginn des 19. Jahrhunderts Gold gefunden wurde. Die Vorkommen waren so ergiebig, daß in bis zu 50 Minen gleichzeitig Edelmetall im Gesamtwert von 36 Millionen Dollar abgebaut werden konnte. Doch der Goldboom ist vorbei. Heute leben nur noch etwa 100 Leute ständig in dem kleinen Ort. Sie sind stolz auf ihre Stadt und darauf, daß sie oft als Filmkulisse für Hollywoodfilme genommen wurde oder daß Clark Gable und Carole Lombard 1939 hier auf ihrer Hochzeitsreise einkehrten. Mittlerweile leben die Einwohner vom Tourismus. Die Stadt ist ein Eldorado für Westernfans und Off-Road Begeisterte. Am Wochenende finden in den Straßen Gunfighter-Shows statt, die allerdings mehr spaßig sein sollen, als blutige Auseinandersetzungen zu dokumentieren. Besucher, die sogar in Charterbussen kommen, werden auch schon mal auf der Anreise „überfallen". So werden sie schon vor ihrem Ziel mit dem Wilden Westen konfrontiert, bevor sie sich dann das historische Gefängnis

West of Oatman, Arizona
Höchstens 36 Liter faßte das Schauglas der alten Zapfsäule, die in der Wüstensonne wartet, bis sie irgendwann vielleicht restauriert wird.

North of Topock, Arizona
Die Kreuze lassen es vermuten: die Verbindungswege zwischen Oatman und Topock sind auch in der heutigen Zeit nicht ungefährlich.

anschauen oder im Saloon ein Bier schlürfen können.

Die alte Straße aber haben die Bewohner von Oatman mit Sicherheit nicht vergessen. Neben den Werbeplakaten für die nächsten „Gold Camp Tage" sehe ich überall die gemalten Zeichen „US 66".

Am Ortsausgang dieser noch sehr lebendigen kleinen Stadt steht eine Zapfsäule einsam im Feld. Sie hat eine alte Gallonenanzeige mit zehn Einheiten. Doch das Glas ist schon lange herausgebrochen, und der Rost färbt das Metall an vielen Stellen braun. Vielleicht wird sich irgendwann ein Liebhaber finden, der sie in mühevoller Kleinarbeit restauriert. Zwei Meilen weiter steht das letzte Schild „Historic Route 66".

Dann teilt sich die Straße. Ein Schotterweg führt nach links ins Mohave Indianer Reservat, während die asphaltierte Strecke einen Bogen nach rechts macht. Ich schaue in meinen Unterlagen nach und komme zu dem Schluß, die unwegsame Schotterpiste ist die alte „Route 66". Ich bin an einem großen kegelförmigen Berg, den die Mohave Indianer als heilig verehren. Sie glauben, wenn er einmal nicht mehr ist, wird auch ihr Stamm aufhören zu existieren. Der Schotterweg führt um diesen Berg herum und ist bald kaum noch ein Weg. Vielmehr ist es nur noch die Spur von Jeeps in einer endlos scheinenden Wüste. Doch es ist die gute alte „66", die hier vollkommen unscheinbar und nur mit einem Vierradantrieb gut zu befahren etwa 16 Meilen durch das karge Land führt, bis sie bei der Häuseransammlung Golden Shores auf den

Topock, Arizona
Einst floß der Autoverkehr auf der „66" über diese Brücke ins gelobte Kalifornien. Heute liegen hier nur noch Versorgungsrohre.

Highway 95 trifft. Auf diesem Highway enden auch alle, die hinter Oatman auf dem asphaltierten Weg bleiben. Doch selbst diese Strecke ist nicht ungefährlich. Kreuze am Wegesrand erinnern an die hier Verstorbenen.

Der Highway 95 ist dann wieder eine breite Straße. Er führt mich an den grünen Flußufern des Colorado vorbei. Ich sehe Mengen blauen Wassers und kann mir nach der Fahrt durch die Wüste die große Freude der frühen Wanderer gen Westen vorstellen. Ein bei ihrer Reisegeschwin-

digkeit endlos scheinendes Stück trockener, heißer Wüste lag hinter ihnen. Von der Glut der Sonne ausgedörrt konnten sie sich nun in die klaren Fluten des breiten Flusses fallen lassen. In Topock, der Grenzstadt zu Kalifornien gibt es dann sogar einen Hafen und ich treffe auch meine alte Bekannte, die Santa Fe Railroad wieder. Die Straße über den breiten Fluß, dessen Wasser weiter nördlich schon den Grand Canyon ausspülte, benutzte früher eine große Stahlbrücke. In majestätischem Weiß führt sie

über das tiefblaue Wasser und war auch in der Romanverfilmung von Steinbecks „Früchte des Zorn" auf der Leinwand zu sehen. Heute laufen allerdings nur noch einige Versorgungsrohre über ihre stabile Konstruktion. Mein Weg in den letzten Bundesstaat auf dieser Reise führt über den breiten Interstate 40, den ich hier wieder treffe. Er kommt von Kingman über Yucca nach Topock und folgt damit dem Weg durch flacheres Gebiet, den die „U.S. 66" seit 1953 an Oatman vorbei genommen hatte.

CALIFORNIA

CALIFORNIA

Sacramento

San Francisco

Barstow
Ludlow
Goffs
Needles
Amboy
Essex
Santa Monica
San Bernadino
Los Angeles

West of Amboy, California
Wüste, Sonne und Sand scheinen endlos in flirrend heißer Luft. Der Verkehr
rollt 15 Meilen nördlich auf dem geschäftigen Interstate 40.

„Welcome to California" lese ich am Straßenrand zur Begrüßung. Automatisch muß ich an all die Leute aus dem Osten denken, die in den 30er Jahren hier als „Okies" verpönt, als billige Arbeitskräfte ausgenutzt und oft alles andere als willkommen geheißen wurden. Viele prügelte man einfach wieder aus dem Land, wenn sie kein Geld hatten, um sich niederzulassen. Doch dann fällt mir ein, ich bin nicht nur in einem neuen Bundesstaat, sondern nun auch in der „Pazific Time Zone" und der Tag en-det wieder eine Stunde früher.

Auf dem Interstate geht es an Needles vorbei, während ich meine Uhr umstelle. Noch hat der vielspurige Asphalt ein weiteres Mal die alte Hauptstraße Amerikas gefressen. Doch schon einige Meilen weiter kann ich in Richtung Goffs abbiegen und bin wieder auf ihrer Spur. Durch flaches Wüstenland führt der Weg an dieser Häuseransammlung vorbei, die schon 1932 mit einer Abkürzung umgangen wurde. Weiter in Richtung Essex kreuze ich dann wie-der den Weg des breiten Interstate und komme in den ebenfalls nur aus einigen Häusern bestehenden Ort. Auf meiner Karte hat diese Straße keine Bezeichnung mehr. Doch ich finde nun am Straßenrand ein schwarzweißes Zeichen mit der „66". Es sieht offiziell aus, bleibt aber fast das einzige auf meinem Weg durch diese Wüste. Ich frage mich, ob es hier ganz einfach vergessen wurde. Etwas später steht rechts ein von Einschußlöchern durchsiebtes Hinweisschild mit Entfernungsangaben. Schon

West of Goffs, California
Die Schienenstränge der Eisenbahn zeichnen neben dem Asphalt der Straße dunkle Linien i

onnengebleichtem Wüstenland.

Jack D. Rittenhouse dürfte es auf seinen Fahrten gesehen haben.

Barstow, die nächste größere Stadt ist 93 Meilen vor mir. 93 Meilen, das war Ende der 20er Jahre eine verdammt lange Strecke hier in der Mohave Wüste. Die Wagen rollten damals teilweise sogar über Holzplanken. Mühselige Holzkonstruktionen stellten die einzige Möglichkeit für eine relativ feste Fahrbahndecke dar und hinderten die Fahrzeuge daran, hoffnungslos im Boden zu versinken. Wie schnell sich auch heute noch der sandige Untergrund über den Asphalt legt, erlebe ich nur 10 Meilen später.

„Roadrunner's Retreat Restaurant" signalisiert das hohe Schild. Doch auch wenn es tagsüber meilenweit sichtbar ist, so wirbt es offensichtlich schon lange für nichts mehr, und nachts bleiben die Neonröhren ohne Strom. Mitten in der Einsamkeit einer endlos scheinenden Wüste finde ich dieses Restaurant mit angegliederter Tankstelle. „Expressway Diner" verkündet die große Schrift über dem Eingang. Aber die Farben sind ausgeblichen und Wellblech verwehrt den Zutritt. Ei-

ne geteerte Zufahrt ist fast vollständig mit grobem Sand bedeckt. Auf dem ehemals gelb markierten Mittelstreifen wachsen blaßgrüne Sträucher. Die Zapfsäulen der Tankstelle sind demontiert, ihre Benzinvorräte ebenso leer wie der Wasserbrunnen unter dem hohen Werbeschild. Zeit hat sich in Form von Sand über den Rastplatz der Reisenden vergangener Tage gelegt, dessen Zufahrt einfach aufhört. Staubig und tot steht nun alles in der Mittagshitze. Irgendwann wird der Platz wieder ganz Wüste sein. Ich frage mich, ob ein solches Schicksal hier nicht auch schon bald die ganze Straße treffen könnte. Seit Stunden habe ich keinen anderen Wagen mehr gesehen.

Die nächsten Anzeichen menschlicher Existenz treffe im nahen Amboy. Doch von blühendem Leben auch hier keine Spur. Die ganze Stadt ist zu verkaufen, so jedenfalls sagen es die großen Schilder. Grund für mich, meinen Chevrolet auf den großen, leeren Parkplatz von „Roy's Motel & Cafe" zu steuern und nachzufragen. H. B. „Buster" Burris ist die Seele der fünfzehn Einwohner

zählenden Ortes. Es begann mit „Roy's Garage" von 1927. Damals ging es geschäftig zu an dieser Straße. Sieben Abschleppwagen gab es allein in der kleinen Wüstenstadt. Im Jahre 1944 setzte Buster dann zunächst zwei Holzhäuser neben die Tankstelle, damit Kunden der Werkstatt über Nacht nicht im Auto oder unter freiem Himmel schlafen mußten. Vier Jahre später baute er dann weiter aus und hatte 1952 alles so stehen, wie es heute noch ist. Tag und Nacht waren die Zimmer ausgebucht, oft genug über 100 Prozent. Doch dann kam der neue Interstate, und die Geschäfte gingen schlecht in Amboy. Heute verhandelt ein geschäftstüchtiger Makler mit Kunden über einen Preis von 2,5 Millionen Dollar für die Stadt. Insgesamt vier Quadratkilometer Land mit allen darauf befindlichen Geschäften und einen guten Wasserbrunnen bietet er dafür an. Nur die staatlichen Einrichtungen gehören nicht dazu. Aber die fünfzehn Einwohner werden den neuen Besitzer zu allem wählen, was er gerne sein möchte. Für den Kaufpreis kann er so nicht nur Besitzer einer Stadt, sondern auch Polizeichef

138

Essex, California
Das alte Zeichen mit der klassischen „66" steht wie vergessen an der Kreuzung in der nur wenige Seelen zählenden Wüstengemeinde.

oder Bürgermeister werden.

Der Ausverkauf hat begonnen, denke ich, während sich die breiten Reifen wieder auf dem heißen Asphalt drehen. Der Weg führt durch eine schwarze Vulkanlandschaft. Erloschene Lavafelder liegen so tot in dieser Wüste, wie die Orte am Wegesrand. Es herrscht kein Verkehr. Ich fahre allein. Nur die Santa Fe Railroad ist an meiner Seite. Ab und zu schieben vier Lokomotiven endlose Ketten von Güterwaggons durch die Einöde. Sie sind die einzige Abwechslung auf

meinem Weg nach Ludlow, wo die alte „66" wieder auf den neuen Interstate 40 trifft, von ihm aufgesogen wird und so zu neuem Leben erwacht.

Für den Rest meines Weges durch die Wüste habe ich dann gut ausgebauten Highway unter mir. Ich bringe den rechten Fuß am Gaspedal in die richtige Stellung, rauche mir eine Zigarette und lasse die Meilen vorbeifliegen. In Barstow endet der Interstate 40 West. Nahe dieses Ortes verließen auch die Joads in Steinbecks Roman die „Route 66" und

zogen weiter nach Nordwesten. Um den Spuren der alten Straße zu folgen, wechsele ich auf den Interstate 15. Er ist hier ihr Nachfolger und führt mich auf vier Spuren in jeder Richtung durch bergiges Land. So erreiche ich San Bernadino.

Die Luft stinkt, während eine Blechlawine in die Stadt rollt. Mir erscheint das großstädtische Treiben plötzlich etwas seltsam. Ich habe mich sehr an die Einsamkeit der verlassenen Straße gewöhnt. Doch jetzt hat mich die Realität wieder.

West of Essex, California
Eine lange unbenutzte Zufahrt endet einfach so in der Wüste. Zeit hat sich in Form von San

über das „Expressway Diner" gelegt.

On the Road
Wer heute eine Panne auf der Wüstenstraße hat, ist auf sich selbst angewiesen. Der Interstate

142

it Service und Telefon ist Meilen entfernt.

Amboy, California
Sogar eine ganze Stadt steht zum Verkauf. Der Verhandlungspreis liegt bei
2,5 Millionen Dollar für Land und Gebäude zusammen.

East of Ludlow, California
Fünf Lokomotiven ziehen endlose Ketten von Güterzügen unter der brennend
heißen Sonne durch die Einöde des kargen Wüstenlandes.

144

Rialto, California
Bis vor nicht allzulanger Zeit konnten Reisende hier noch im originellen Steinzelt des Wigwam-Motels übernachten.

East of Los Angeles, California
Chicanos heißen die Nachfahren der mexikanischen Einwanderer, Low Rider die Wagen. Sonnenbrille, Hut und Bärtchen gehören dazu.

Am Rande des Highway nehme ich mir ein preiswertes Motelzimmer und lasse mich wenig später in den Pool fallen. Ich liege in der Sonne und lese Zeitung. Der Luftverschmutzungsindex sagt nichts Gutes, und der McDonald's Konzern liegt noch weit vor seinem Konkurenten Burger King. Ich erinnere mich an die vielen Hamburgerrestaurants auf meinem Weg. Wo auch immer sich zwei geschäftige Straßen trafen, schien McDonald's präsent. Dann lese ich Fakten. Der Konzern, bei dem fast jeder Amerikaner mindestens einmal im Jahr ißt, bildet mehr Leute aus, als die US-Streitkräfte. Seit er 1982 den Sears Konzern überholte, hat er den weltweit größten Immobilienbesitz und kontrolliert darüber hinaus etwa zwanzig Prozent des amerikanischen FastFood-Marktes.

In San Bernadino eröffneten die Gebrüder McDonald Ecke EStreet, unweit der „Route 66", im Jahre 1940 ihr erstes größeres Drive-in-Restaurant. Es gilt heute als das „Ur-McDonald's". Nicht, daß die beiden Brüder den Hamburger oder das Drive-in erfunden hätten. Doch ihr kleines Restaurant mit 600 Quadratmetern Geschäftsfläche hatte einige Besonderheiten. Ungewöhnlich waren vor allem ein freier Einblick in die Küche und die Tatsache, daß außer einer Theke mit Stühlen keine Sitzplätze in dem achteckigen Raum waren. Eine Belegschaft von zwanzig Mann bediente die Kundschaft auf 125 Parkplätzen mit fünfundzwanzig verschiedenen Gerichten. In der damals typischen Arbeiterstadt San Bernadino war dieses Drive-in die Attraktion. Doch erst das Marketing-Geschick des später hinzukommenden Handlungsreisenden Ray Kroc machte die Rationalisierung im Fast-Food-Bereich so erfolgreich. Wie erfolgreich alles war, zeigte sich insbesondere später an der Börse. Hier konnten aus McDonald's-Aktien für 2.250 Dollar in zwanzig Jahren mehr als 400.000 Dollar werden. Mit diesen Zahlen im Kopf gönne ich mir am Abend ein mexikanisches Essen.

Der nächste Morgen bietet dann ein erfreuliches Wiedersehen. Die gute alte „66", die ich nach soviel Interstate Highway schon fast verloren geglaubt hatte, ist plötzlich wieder da. Unter Palmen finde ich das Schild „California 66" und weiß, ich bin auf dem richtigen Weg, als mich die Straße aus San Bernadino herausführt. Im Nachbarort Rialto bemerke ich das „Wigwam Motel". Steinerne Zelte dienen als Motelzimmer. Mir gefällt die Idee, doch es ist alles verlassen. Ich hoffe, es wird nicht auch den Weg so vieler anderer Motels am Rande der „66" gehen und verrotten. Doch die Straße ist hier eine normale Geschäftsstraße und die Chancen für das Motel stehen besser als an vielen anderen Orten.

Seit San Bernadino fahre ich auf einem gut ausgebauten Asphaltband, das den Namen „Foothill Boulevard" trägt. Es ist die Verbindung von den vielen kleinen Städten und Gemeinden, die sich nahtlos bis zum nahen Los Angeles aneinanderreihen. Die legendäre Zahl mit den zwei Sechsen tritt in den Hintergrund. Ab und zu erinnert ein Name wie „Motel 66" an die ehemalige Hauptwanderstraße. In Arcadia, berühmt für seine Blumenparaden, setze ich meinen Weg auf dem Colorado Boulevard fort, um kurze Zeit später in Pasadena auf die Figueroa Street nach Süden

St. Bernadino, California
Das große gelbe „M" wurde weltweit zum Erkennungszeichen des McDo-
nald's Konzerns, der heute mehr Leute ausbildet als die US-Armee.

Hoolywood, California
Kaum einer erkennt hier noch die alte „Route 66", auf die der legendäre
Marlboro-Mann geradewegs zuzuschreiten scheint.

abzubiegen. Das Gewirr von Highways, Freeways, kleinen und großen Straßen wird immer unübersichtlicher. Ich habe Schwierigkeiten meinen Weg zu finden. Schilder gibt es nicht. Bei der Suche muß ich mich auf die Beschreibung von Jack D. Rittenhouse und meine gesammelten Unterlagen verlassen. „Route 66" scheint sich vollständig aufgelöst zu haben.

Doch ich glaube, auf dem richtigen Weg zu sein, als ich über den Sunset Boulevard in Richtung Westen durch Hollywood fahre. An der

Ecke Hollywood Boulevard sehe ich ein altes Kino names „Vista". Es sieht heruntergekommen aus. Nichts ist zu spüren von dem Ruhm der Filmmetropole. Doch wie soll es auch, denn die goldene Ära ging hier spätestens Ende der 50er Jahre zu Ende. Heute steht der Name „Hollywood" für viele kleine Produktionsbetriebe, die überall verteilt Zulieferer der Mediengiganten sind. Produziert wird überwiegend für das Fernsehen. Doch wer hier „the industry" sagt, meint noch immer das Filmgeschäft. Anstelle der ehemaligen

Filmmagnaten bestimmen heute allerdings Gesellschaften, deren Entschlüsse sich an Profit und Aktienanteilen orientieren. So liegt mittlerweile ein Schwerpunkt der „industry" in den Bereichen Video und Schallplatte. Man ist nicht mehr allein auf den Film fixiert und neue Impulse versprechen ein gutes Geschäft.

Daß die Stars von Hollywood aber auch heute nicht schlecht leben, sehe ich wenig später, als der Sunset Boulevard Beverly Hills streift. Nobelvillen an palmengesäumten Stra-

148

Santa Monica, California
Der pinkfarbene Cadillac könnte stellvertretend für den feinen Badeort mit
seinen Boutiquen, Restaurants und viel Strand stehen.

On the Road
Chrom, Stahl und Leder werden durch den Namen „Harley Davidson" zur
rollenden Legende. Und irgendwo steht „Gott fährt eine Harley."

Route 66, USA
Die „Route 66" steht auch heute noch für Amerika. Ihr Asphaltband führt wie ein Querschnitt durch die Seele dieser großen Nation.

ßen. Hier ist das Einkommen pro Kopf eines der höchsten in den gesamten USA. Als ich zum Santa Monica Boulevard abbiege, bietet ein kleiner Junge am Straßenrand mir Straßenführer zu den Häusern der Stars an. Auch er verdient letztendlich am Filmgeschäft.

Jetzt geht es über das letzte Stück der alten „Route 66". Nur noch ein paar Meilen trennen mich vom Ende. Ich drehe am Radio, versuche von den unzähligen Radiostationen eine zu finden, die „Get your kicks on Route 66" spielt. Es klappt natürlich nicht. Doch irgendwie habe ich den Wunsch, daß diese Straße nicht einfach so aufhört. Zu lange habe ich mich mit ihr auseinandergesetzt. Die letzten Meilen verdienen ein würdiges Ende. Ich fahre langsamer, um dem Radio noch eine Chance zu geben. Aber schließlich sehe ich Strand und den Pazifik geradeaus vor mir. Der Santa Monica Boulevard endet hier an der Ocean Avenue. Meine Reise auf der „Route 66" ist nun zu Ende. Ich parke den silbernen Chevrolet am Straßenrand hinter einem pinkfarbenen Cadillac mit spitzen Heckflossen. Die Sonne scheint. Das Klima hier in Santa Monica ist angenehm mild. Ich gehe über die Ocean Avenue und will zum Strand. Plötzlich stehe ich vor einer kleinen Gedenktafel. Sie erinnert an Will Rogers und widmet ihm den „Will Rogers Highway", die „Route 66" . Es ist für mich ein kleiner Schlußpunkt auf meiner Reise vom Wasser des Michigan-Sees bis zum Pazifik.

150

Santa Monica, California
Palmengesäumt endet die „66" als Santa Monica Boulevard an der Ocean Avenue unmittelbar am breiten Strand des Pazifischen Ozeans.

Ocean Ave/Santa Monica Blvd, Santa Monica, California
Schlußpunkt einer Reise: die Gedenktafel für Will Rogers, dem 1952 die „Route 66" als „Main Street of America" gewidmet wurde.

EXIT

Meine Reise über die legendäre Straße ist beendet. Ich gehe hinunter an den Strand. Die Sonne scheint noch warm und mir bleibt Zeit zurückzudenken.

Wann auch immer ich früher kreuz und quer durch Amerika fuhr, die „Route 66" war oft genug mein Begleiter. Meist erkannte ich sie nicht, sondern sah nur den schnellen Interstate, der sie aufgesogen hatte. Manchmal aber fuhr ich auch kleine Stücke ganz bewußt auf ihr. Doch nun hatte ich sie gesucht. Nicht überall war sie leicht zu finden, manchmal überhaupt nicht. Und wenn auch viele, die ich unterwegs traf, den genauen Verlauf nicht wußten, einen der vielen Namen kannten sie immer.

Ob nun „Route 66", „Mutterstraße", „Main Street of America", „Free Road" oder „Will Rogers Highway", mein Weg auf dieser Straße hatte mir mehr gezeigt als ein graues Asphaltband von Ost nach West.

Oft kam mir diese Straße vor, wie ein Querschnitt durch die Seele Amerikas. Sie ist wie eine Kette, an der die verschiedensten Landschaften, Orte, Leute und Sachen nebeneinander aufgereiht sind. Nachgeprägte Highwayzeichen in Illinois, alte Weinbauern in Missouri, morbider Charme in Kansas, ein Museum in Oklahoma, 10 rote Cadillacs in Texas, betrunkene Indianer in New Mexico, die Degadillos in Arizona und ein verlassenes Restaurant in Kalifornien – das alles gehört dazu. Verbunden durch die Geschichte und eine Straße, deren offiziellen Namen es heute nicht mehr gibt, die „U.S. 66".

Route 66, USA
Unzählige Geschichten liegen am Straßenrand der „Route 66" zwischen Chicago und Los Angeles. So „Get your kicks . . ."

INDEX

INFOS

Seit ihrer Geburtsstunde im Jahre 1926 hat sich die „Route 66" permanent verändert. Dieses wird sicherlich auch in Zukunft der Fall sein. Wer der Straße anhand von bereits bestehendem Informationsmaterial quer durch Amerika folgen möchte, wird feststellen, daß es vielfach nicht ausreicht. Gespräche am Straßenrand und ein gewisser Spürsinn sind oft notwendig. Doch gerade dies macht eine Reise auf der ehemaligen Hauptwanderstraße Amerikas so interessant. Sie läßt sich nicht einfach im Expressverfahren konsumieren, sondern fordert Aktivität und eine Beschäftigung mit den Menschen. So wird jede Reise zu einer kleinen Bestandsaufnahme quer durch Amerika. Meist sind es aber gerade die kleinen Besonderheiten und Kontakte am Straßenrand, die den Reiz einer solchen Reise ausmachen.

Es wurden Bücher über diese Straße geschrieben, Reportagen und Filme berichteten darüber. Jedes festgehaltene Stück Geschichte der „U.S. 66" ist jedoch aufgrund der ständigen Veränderung natürlicherweise eine Wiedergabe bis zu einem bestimmten Zeitpunkt. Das vorliegende Buch entstand 1989 und erscheint nun im Jahr des 66ten Geburtstages der „Route 66".

Wohl die meisten Reisen über diese Straße wurden mit Hilfe des kleinen Buches **„A Guide Book to Highway 66"** von **Jack D. Rittenhouse** unternommen. Es ist als Faksimile der Erstausgabe von 1946 erhältlich und kann sicherlich auch heute noch wertvolle Hinweise geben (University of New Mexico Press, 1989). Ein ähnliches Werk, aktualisiert und auf den heutigen Stand gebracht, liegt mittlerweile von **Tom Snyder** vor und ist auch als deutschsprachige Ausgabe unter dem Titel **„Streckenpilot Route 66"** erhältlich (Ullstein Verlag, 1992). Wer sich für die Geschichte der Straße und der Menschen, die sie planten, bauten und mit ihr lebten, interessiert, dem sei der Bildband **„Route 66: the highway and its people"** von **Quinta Scott** mit einem Text von **Groce Kelly** empfohlen (University of Oklahoma Press, 1988). Jeder, der sich auf den Asphalt zwischen Chicago und Santa Monica begibt, sollte sich aber **John Steinbecks** ausführliche Recherchen der 30er Jahre zunutze machen. In seinem Roman **„Früchte des Zorns"** schildert er das Schicksal der Familie Joad und ihre Reise über die „Mutterstraße" (Deutscher Taschenbuch Verlag).

Da die „Route 66" in den letzten Jahren wieder stark an Popularität gewinnt, entstehen immer mehr Klubs, die sich für die Erhaltung der alten Straße einsetzen. Viele davon versorgen ihre Mitglieder regelmäßig mit den neuesten Informationen (unter anderem: **The Historic Route 66 Association of Arizona**, P.O. Box 66, Kingman, Az 86402, USA).

Doch wohl kein Buch, kein Film und kein Lied ist so interessant wie die Straße und die Menschen, die es am Straßenrand zu treffen gibt.

In diesem Sinne: Have fun and „Get Your Kicks on Route 66".

Cafe „americano",
Geldern-Aengenesch, 1992

Michael Freienstein

159